기록의 힘,
증언의 힘

기록의 힘, 증언의 힘
— 어느 다큐멘터리스트의 다큐멘털리티

지은이 | 정길화
펴낸이 | 김성실
편집기획 | 박남주 · 천경호 · 조성우 · 손성실
마케팅 | 이준경 · 이용석 · 김남숙 · 이유진
편집디자인 | 하람 커뮤니케이션(02-322-5405)
인쇄 | 중앙 P&L(주)
제본 | 대홍제책
펴낸곳 | 시대의창
출판등록 | 제10-1756호(1999. 5. 11)

초판 1쇄 인쇄 | 2009년 6월 9일
초판 1쇄 발행 | 2009년 6월 12일

주소 | 121-816 서울시 마포구 동교동 113-81 (4층)
전화 | 편집부 (02) 335-6125, 영업부 (02) 335-6121
팩스 | (02) 325-5607
블로그 | sidaebooks.net
이메일 | sidaebooks@daum.net

ISBN 978-89-5940-140-6 (03300)
책값은 뒤표지에 있습니다

기록의 힘,
증언의 힘

정길화 지음

시대의창

한결같은 정길화의 '다큐멘털리티'

같은 직장에서 20년을 같이 지낸 한 동료 교수가 내게
"한결같다"고 했다. 좋은 뜻으로 한 말이기에, 내겐 과분한 칭찬
이라는 생각이 들었다. 내겐 한결같지 않은 게 많기 때문에 수긍
하기 어렵다는 생각도 들었다. 실은 내가 감히 넘보기 어려운 수
준에서 "한결같다"고 말하고 싶은 사람이 있다. 정길화다.

나는 약 10년 전인 1999년 1월에 출간한 《인물과 사상 9》에
〈방송의 자존과 언론민주화를 위해 헌신하는 정길화: 방송 PD는
무엇으로 사는가?〉라는 제목의 글을 쓴 적이 있다. 그 글을 다시
읽어보았다. 놀랍다는 생각이 들었다. 나는 그 글에서 정길화의
'뚝심, 성실, 정직, 능력'을 지적했는데, 하나도 변한 게 없기 때
문이다. 그때나 지금이나, 정길화는 정말 한결같은 사람이다. 지
난 10년간 MBC라고 하는 조직과 방송계에서 차지하고 있는 위
상도 크게 달라졌을 텐데, 그래서 한결같지 않은 모습을 보여줄

때도 됐는데, 그는 도무지 달라진 게 없다. 왜 그럴까? 이 물음에 대한 답을 찾느라 고민하다보니, 직업병이 발동한다. 개인을 꼭 사회와 연결시켜 해석해보고자 하는 직업병이다. 그럴듯한지 이야기를 다 듣고 판단해주시라.

최근 'PD저널리즘 죽이기' 광풍狂風이 불었다. 평소 PD저널리즘에 적대적인 보수신문들의 '죽이기' 시도는 별로 놀랍지 않은데, 일부 교수들의 비난은 놀랍게 여겨졌다. 당파성에 휘둘린 탓도 없진 않겠지만, 그래도 나름대론 진정성을 갖고 쓴 것 같은 느낌을 주는 글이었기에 그들의 비난은 예사롭지 않게 다가왔다.

왜 그런 일이 벌어진 걸까? 나의 답은 '역사'다. 일부 교수들의 PD저널리즘 비난을 선의로 해석하자면, 그건 그들도 어찌할 수 없는 그들의 몰역사성에서 기인되었다는 게 나의 판단이다. 일부 교수들에겐 박정희 시절은 관두더라도 전두환 시절, 방송이 권력의 주구로 유린당해야 했던 과거에 대한 아픈 기억이 없다. 부끄러움도 모른다. 상처도 있을 리 없다.

그런 시각으론 PD저널리즘을 이해할 수 없다. PD저널리즘은 관료제적 지배를 받는 기자저널리즘의 대안저널리즘으로 출발했다. 아젠다 설정부터 달랐다. 끝장을 보고야 말겠다는 원론적 '기자' 근성도 PD저널리즘이 기자저널리즘보다 뛰어났다. 늘 생산물로 기자저널리즘의 아픈 곳을 찔러대는 PD저널리즘은 기자들에겐 불편한 존재였고, 언론을 성역으로 여기지 않는 '성역 타파'는 보수신문들의 분노를 자아내게 만들었다.

보수신문 기자들에게도 아픈 기억과 부끄러움과 상처가 있으

런만, 그들은 모든 책임을 조직의 관료체계에 떠넘겨버렸다. 이들은 자기정당화를 위해 PD저널리즘의 게이트키핑 체계를 문제 삼고 나섰다. 아, 한국에 언론자유가 꽃핀 역사가 100년은 넘나보다! 언론자유를 위해 희생당한 게이트키퍼가 한 트럭도 넘나보다!

PD저널리즘의 꽃이 근현대사 발굴과 재해석으로 피어난 건 우연이 아니다. 그런 작업의 선봉에 정길화가 있었다. 여러 정길화들은 '이제는 말할 수 있다'는 제목부터 부끄럽게 생각한다. "왜 과거엔 말 못했나?"라는 비아냥을 피해가지 않겠다는 겸손의 자세다. 그러나 '이제도 말할 수 없다'가 한국 언론계의 여전한 습속이라는 걸 이해한다면, '이제는 말할 수 있다'도 우리에겐 과분한 것임을 강조할 필요가 있을까.

한국의 근현대사는 지뢰밭이다. 동족상잔·파란만장·우여곡절로 점철된 탓이다. 학자들이 의도적으로 피해가진 않았을 망정 적어도 '미필적 고의'에 의해 그 짐을 이른바 '다큐멘털리티'의 순수성이 가장 잘 지켜지고 있는 PD저널리즘의 '기록·증언 파워'에 떠넘겼다는 느낌은 떨치기 어렵다.

'이제는 말할 수 있다'는 과거완료형이 아니다. 현재진행형이다. 언론이 '영원히 말할 수 없다'고 외면하는 주제들이 좀 많은가. 그 어려운 부담을 홀로 도맡다시피 한 PD저널리즘에 결함이 없을 리 없다. 그러나 그건 기존 기자저널리즘의 결함보다 훨씬 더 작고 적다고 단언할 수 있다. 비난보다는 애정 어린 고언이 필요한 이유다. 이 책에 실린 정길화의 글을 읽다보면 얼마든지 공감할 수 있는 사실이다. 방송으론 미처 못한 이야기와 뒷이야기를 읽는 재미가 쏠쏠하다.

정길화는 이 책에서 '다이내믹 코리아는 우리 사회가 지향할 만한 가치체계는 아닌 것 같다'고 했지만, 그게 현실인 걸 어이하랴. 특히 방송의 현실이다. 방송계 '다이내믹'의 동력은 기술과 권력과 자본이다. 그런 '다이내믹'의 밀물 속에 온갖 검증되지 않은 유언비어가 난무한다. 정길화는 하나씩 불러내 검증을 시도한다. 방송언론 자유를 지키는 대변인 같다.

대다수 국민은 방송을 오락거리로만 즐길 뿐이다. 신문은 저널리즘 기능을 독식하고 싶어 한다. 역사적 감각을 잃은 교수들은 여러 정길화들이 떠맡은 과중한 부담에 미안해하기보다는 오히려 성을 냄으로써 자신들의 양심을 추인받고 싶어 한다. 정길화들이 힘들고 외로운 이유다.

정길화의 한결같음을 보면서 그의 넉넉하고 온화한 얼굴을 떠올린다. 투사 같지 않은 얼굴과 언변, 이게 그의 한결같음을 지켜주는 동력은 아닐까? 결국엔 부드러움이 승리한다는 걸 보여주기 위해 그는 늘 미소 띤 얼굴로 차분한 글쓰기를 하는 건 아닐까?

'소통가'라는 말이 있던가? 요즘 워낙 '소통'이라는 말이 난무하니, 소통에 능한 사람을 '소통가'로 칭해도 좋으리라. 정길화는 소통가다. 합리적이다. 사려 깊다. 대화가 통한다. 나는 그가 갈등과 분열로 치닫고 있는 방송계의 소통가로 활약해줄 걸 기대한다.

강준만(전북대학교 교수)

차례

2 지상파 방송과 미디어 공공성

3 어느 다큐멘터리스트의 다큐멘털리티

4 생활과 생각

기록의 힘,
증언의 힘

· ·

그 시대의 모순과 한계를 응시하며 다시는 그런 일이
일어나지 않도록 하는 것은 후대에게 주어진
거역할 수 없는 과제다. 이를 위한 가장 확실한 출발은
사실을 밝히고 진실을 규명하는 데 있다.
그 토대는 말할 것도 없이 기록과 증언이다.

스파르타쿠스와 미네르바

스파르타쿠스는 실존인물이다. 기원전 73년 로마제국에 대항하여 이른바 제3의 노예전쟁 혹은 검투사의 전쟁이라 불리는 노예들의 반란을 주도한 검투사 출신의 노예 지도자다. 스파르타쿠스가 이끄는 반란군은 수차례에 걸쳐 막강 로마군단을 격파했지만 그들이 꿈꾸는 세상은 오지 않았다. 초반에는 승승장구했으나 기원전 71년 함정에 빠진 스파르타쿠스는 6개 군단의 로마군에 패퇴하여 6000명의 포로와 함께 십자가 위에서 처형되었다(네이버 블로그 '뮤즈의 陋樓').

스탠리 큐브릭 감독이 이 얘기를 영화로 만들었다(1960년). 커크 더글러스와 로렌스 올리비에, 토니 커티스, 진 시몬즈가 주연한 이 영화는 장대한 스펙터클과 모브 신mob scene 그리고 비극적인 결말로 기억에 선연하다. 로마 3두정치 트로이카의 일원인 크라수스가 이끄는 주력군에 쫓긴 반란군은 페텔리아 산속에서 포

영화 〈스파르타쿠스〉 포스터 |

위공격을 받고 허물어지는데 때는 바야흐로 로마 시절. 그 막강한 로마군대도 정작 스파르타쿠스의 얼굴을 몰랐던 모양이다. 요즘 식으로 말하면 정보력에 상당히 문제가 있었다. 무리를 겁박해놓고 이 중에 누가 반란군의 수괴首魁 스파르타쿠스인지를 묻는다.

모든 것이 끝난 이때, 커크 더글러스가 처연히 일어서려는데 그때까지 그와 고락을 함께 한 토니 커티스가 분연히 나선다. 그리고 외친다. "I am Spartacus!" 이때 로마군대가 스파르타쿠스의 얼굴을 모른다는 걸 눈치 챈 검투사 출신 반란군들 사이에 이심전심이 순식간에 이루어진다. 다투어 자신이 스파르타쿠스임을 주장한다. "I am Spartacus!" "I am Spartacus!" 마침내 온 계곡이 "내가 스파르타쿠스"라는 외침으로 메아리친다. 만약 스파르타쿠스가 지목되었다면 가혹한 고문은 물론 그의 시신은 능욕을 당했을 것이다. 동지들은 그것을 막고 더불어 장렬한 산화를 택한 것이다. 어쩌겠는가. 다 자기가 스파르타쿠스라고 하는데. 크라수스는 포로 전원을 십자가형에 처한다. 길 양쪽에 끝도 없는 십자가가 즐비한 가운데 영화는 막을 내린다.

스파르타쿠스는 역사가들로부터 진정한 자유주의 사상을 가진 최초의 인물로 평가되고 있다. 그의 반란은 노예해방을 넘어 인간해방을 위한 봉기였다. 할리우드 영화 〈스파르타쿠스〉는 다분히 영웅주의와 남성주의적 서사구조로 그려지고 있지만 1960년이라는 시대적 한계가 있었을 것으로 생각된다. 그럼에도 종전의 〈벤허〉나 〈모세〉 식의 상투적 구도는 벗어났다. 그것은 아마도 스파르타쿠스가 정사正史의 영웅이 아닌 실패한 영웅이기 때문일 것이다. 마지막 장면에서 계곡을 뒤흔드는 "I am Spartacus!"의 비극적이고도 장엄한 감동이 오래도록 남아 있다.

〈스파르타쿠스〉 영화 얘기가 길었다. 2009년 1월 10일 문득 왜 이 영화가 떠오른 것일까. 다름 아닌 인터넷 논객 미네르바 박모 씨의 구속 소식 때문이다. 다음 아고라에서 서브프라임 경제위기를 예측하고 리먼 브라더스의 파산을 적중시키는 등 비상한 식견을 보여 인터넷에서 이른바 '경제대통령'으로 떠오른 그가 검찰에 전격 체포되었다는 것이다. 보도에 따르면 검찰은 IP 추적을 통해 수사 착수 나흘 만에 그의 신원을 구체적으로 알아냈다고 한다. 이어서 7일 오전 서울 서대문구 소재 자택에서 그를 연행했다. 그를 체포한 서울중앙지검 마약조직범죄수사부는 이틀 뒤 박모 씨에 대해 인터넷에 허위사실을 유포한 혐의(전기통신 기본법 위반)로 구속영장을 신청했다. 이후 이 나라의 법과 양심의 최후 보루인 사법부가 구속영장을 발부했다. 1월 10일은 이 땅의 언론의 자유, 표현의 자유가 심대한 위기의 지경에 이르렀음을 만방에 알린 날이다.

검찰의 체포 이후 기다렸다는 듯이 나타나는 정부여당의 행태는 한마디로 '잘 걸렸다'는 식이다. 미네르바 박 씨에게 최근 경제 실정에 대한 책임을 전가하느라 서슬이 시퍼렇다. 또 입법단계에서 주춤거리고 있는 사이버모욕죄 도입의 근거로 삼는 등 대대적인 공세를 펼치고 있다. 연말연시 임시국회 직권상정 좌절 이후 국면 전환의 호기라고 생각하는 모양이다. 비판론자들의 반발도, 외신의 우려도 오불관언이다. 미국의 한 웹사이트에서는 '한국의 불도저가 미디어의 견해차를 매장하다S. Korea's bulldozer buries media dissent'라는 표현을 썼다. 로이터 통신은 미네르바 체포 뉴스를 '희한한 뉴스oddly enough' 항목에 넣었다고 하니 이들이 얼마나 어처구니없어 하는지를 잘 알 수 있다.

미네르바가 체포된 이후 다음 아고라에는 검찰 수사를 비판하며 그의 석방을 촉구하는 청원 10여 개가 잇따라 개설됐다. '사이버 '경제대통령 미네르바' 지키기' 서명운동에는 10일 오전 6000여명이 넘게 서명을 했고 '미네르바를 석방시켜주십시오' '고구마 장수 미네르바를 당장 석방하라!!' 등 내용이 비슷한 청원에도 수천 개의 서명이 달렸다. '허위사실 유포죄로 이명박 체포를 청원합니다' 같은 사이버 서명운동도 나타났다. 주가 3000을 공언하고 검증되지 않은 747 공약을 내건 MB정권이야말로 처벌대상이라는 주장이다.

마침내 인터넷에서는 "내가 미네르바"라는 주장이 오르기 시작했다. 지난해《파이낸셜뉴스》의 곽모 논설위원이 자신이 미네르바임을 패러디해 '미네르바 자술서'를 쓴 것과는 양상이 다르다. 블로거 '국화와 칼' '세상의 불의에 맞서자' 'External Foxism' 등이 그들이다. 블로거들은 당국의 처사에 분노하며 자신을 던지고 있다. 마치 영화〈스파르타쿠스〉의 마지막 장면처럼 "I am Minerva"가 들불처럼 번지고 있는 것이다. 많은 사람들이 지적하는 바대로 미네르바의 학력 논란, 백수 논란은 이번 사태의 본질이 아니다. 이들 블로거들과 서명 청원에 답글을 올린 이들은 모두 야만과 억압의 시대로 회귀하려는 대한민국에 저항을 표시하고 있는 것이다.

앞에서 보았듯 영화〈스파르타쿠스〉의 대미는 장엄하고 비극적이다. 무릇 성공하지 못한 반란은 모두 그렇다. 그러나 반란을 진압한 로마의 결말은 어떠했는가. 시기가 문제일 뿐 거대한 로마제국도 자기모순으로 붕괴되었다. 무릇 물리적 힘에 기반한 권력이 모두 그러했다. 이 정권은 언론의 자유, 표현의 자유를 존중하는 민주주의의 가치를 부정하고 모든 국민을 스파르타쿠스로, 미네르바로 만들고자 강요하는가. 그리고 그 옛날 오만했던 로마처럼 스스로 허물어지고자 하는 것인가. 만약 그러하다면 나 역시 말할 수밖에 없다. "I am Minerva"

(2009. 1)

청산이 끝난 곳에 상상은 시작된다
— 〈색, 계〉와 '76호' 딩모춘의 기억

리안 감독의 영화 〈색, 계〉가 극장가에서 연일 흥행 선풍을 일으키고 있다. 한국영화 〈식객〉을 제치고 1위에 올랐는데 이제 경쟁작은 할리우드 영화 〈베오울프〉 정도다. 감독의 명성(〈와호장룡〉 〈브로크백 마운틴〉)과 베니스 영화제 황금사자상 수상 등의 유명세에다 '미인계'와 '첩보전'으로 숨막히게 구성된 플롯이 영화를 볼 만한 충분한 이유를 만들었다. 그러나 역시 범인들에게 공전의 화제가 되는 것은 영화에 나오는 대담한 성애장면이라고 봐야 할 것이다.

소문을 듣고 도저히 그냥 넘어갈 수 없어 영화를 봤다. 과연 명불허전이다. 상영시간 내내 화면에서 눈을 떼지 못했다. 극장의 큰 스크린에서 이렇게 과감한 노출과 체위를 생생히 보는 것은 가히 놀라운 일이었다. 객석에서 그 신경질 나는 핸드폰 소리 한 번 안 들렸다. 베드신이 나오는데 에로틱한 화면에 현혹(?)당하지

| 영화 〈색, 계〉 포스터

않고 스토리에 집중하기는 〈터미네이터〉 이후 처음이다. 갖가지
체위의 정사장면을 설정한 당위성이 작품 속에 녹아들어 있다는
얘기다. 중국에서는 7분가량 삭제되었다는데(22분이라는 설도 있
다), 한국에서는 무삭제 상영이란다. 중국 관객들이 삭제되지 않
은 장면을 보려고 홍콩으로 가는 바람에 때아닌 홍콩 관광특수가
발생했다는 얘기도 들었다.

　영화를 보기 전에 '스포일러'가 될까봐 일부러 관련 기사를 안
봤다. 나중에 인터넷으로 기사를 검색하니 내 눈길을 끄는 내용
이 있었다. 영화 〈색, 계〉가 실화를 소재로 한 동명의 소설을 바
탕으로 한 작품이라는 것이다. 1939년 중국 상하이에서 친일괴뢰
정권(왕징웨이 정부), 국민당, 공산당 등이 숨 막히는 첩보전을 전

개할 때 친일괴뢰정권의 비밀공작조직 '76호'의 책임자로 악명을 떨치던 딩모춘丁默邨과 그를 제거하기 위해 국민당 측이 동원한 미인 정보원 정핑루鄭蘋如와의 실화가 작품의 모태가 되었다는 것이다.

그런데 딩모춘이라면 어디서 들어본, 내가 아는 이다. 필자는 2002년에 방송된 〈이제는 말할 수 있다〉의 '53년 만의 증언, 친일경찰 노덕술' 편을 제작하면서 중국의 친일파 처단 실태를 현지 취재한 적이 있다. 우리는 해방 직후 남북이 분단되어 대립하느라 친일파 청산을 못했는데, 국공내전을 치른 중국은 어떠했을까를 알아보는 취지였다. 사실을 말하자면 중국의 친일파漢奸 처단은 1945년 종전 이후 국민당 정부와 공산당 정부에서 각각 기준과 원칙을 가지고 진행되었다.

그리고 남경의 장개석 정부에서 처단대상으로 꼽은 1급 친일파 중 한 사람이 바로 딩모춘이었다. 그의 자취를 취재하기 위해 상하이 이곳저곳을 다녔고, 심지어 그에게 암살된 강소성 지방법원 재판장 위화선郁華伸의 유족을 만난 적도 있다. 그런 그가 량챠오웨이梁朝偉의 실제 모델이라니······.

딩모춘은 친일정권이 세운 비밀공작기관 '76호'의 책임자였다. 기관의 본거지가 상하이 정안사로 서쪽 제스필드로 76호에 위치하고 있었기에 생긴 명칭이라고 한다. 나는 2002년 당시 상하이에서 이곳을 촬영했다. 중국 조선족 동포 코디의 도움으로 힘들게 찾았지만 60년이라는 세월이 지나 이제는 민가와 학교로 변해 있어 이곳이 왕년에 무시무시한 특무공작대였다는 흔적은 사뭇 가

뭇없었다('특무공작'은 '사람들에게 알려지지 않은 어떤 정치세력이 지하에서 행하는 비밀 비상공작'을 말한다. '극단적인 정치경찰로 일정한 형식, 일정한 시간, 일정한 장소를 가리지 않고 전광석화같이 처리하는 것'이다. ─마스이 아스이치益井康─,《중국 대만 친일파재판사》).

딩모춘은 원래 공산당에 입당했다가 국민당으로 변절해 국민당의 공작조직인 남의사藍衣社를 지휘했다(우리 해방공간에 있었던 우익 테러조직 '백의사白衣社'는 이를 본딴 것이라는 설이 있다). 그러다가 조직에서 밀려나자 다시 변절해 국민당 측 지하공작원 조직을 분쇄하는 특무공작을 지휘했다. '특공마왕'이라는 별명의 리쓰췬李士群과 함께 치열한 경쟁을 벌였다. 얼굴은 '쥐상'인데 피스톨왕, 암살왕, 살인마라는 별명으로 불렸고, 여자를 좋아해 '색정광'이라는 호칭도 있었다고 한다. 바로 영화 속 량챠오웨이가 분한 이易 선생 역이다. 좀 깨지 않는가.

정핑루는 전 상하이 고등법원 수석검찰관 정보쭝鄭伯曾의 딸이다. 그녀는 일본인 모친 덕택에 일본어가 능통하고 미인이었다고

영화 〈색, 계〉의 실제 모델인
딩모춘과 정핑루

알려져 있다. 남아 있는 사진 속의 머리 모양이 하나도 같은 모습이 없을 정도로 그녀는 치장에 신경을 많이 썼고 화려한 것을 좋아했다고 한다. 정핑루는 16세 때 남의사 지하공작원이 되어 애초에는 딩모춘의 부하로서 상해에서 일본군에 관한 정보를 수집했다. 바로 영화 속 탕웨이가 분한 왕치아즈이다. 정핑루의 실제와 왕치아즈 이미지 사이의 간극은 실화에 소설과 영화로 더해진 상상력의 결과다.

딩모춘이 친일파로 변절한 후 국민당 측 지하공작 조직이 궤멸 직전에 이르자 상하이 주재 국민당 조사통계실(국민당 정보기관의 공식명칭) 책임자가 접근해 그녀를 포섭했다. 정핑루를 이용해 딩모춘을 제거하려 했던 것이다. 그녀는 딩모춘에게 접근해 미인계로 그를 사로잡았다. 딩모춘은 그녀를 비서(실제로는 첩)로 76호에 끌어들였다. 1939년 12월 정핑루는 딩모춘에게 크리스마스 선

민가와 학교로 변한
2002년 당시의
'76호' 공작기관 자리

물을 사달라고 졸라 상하이 제스필드로 동쪽 시베리아 잡화공사로 갔다. 그녀는 그에게 새로 유행하는 오버코트를 사달라고 했다. 영화 〈색, 계〉에서는 이것이 6캐럿 다이아몬드로 바뀌었다. 오버코트로는 요즘 관객을 호리기 어렵다고 생각했는지 모르겠다. 지구 온난화 시대의 반영이다. 량차오웨이는 "반지를 낀 당신 손을 보고 싶다"는 절묘한 대사를 날렸다. 그러자 자신의 임무를 잊고 현저히 동요하는 여심. 문득 심순애를 사로잡은 김중배의 다이아몬드 반지가 생각났다.

다시 실화로 돌아가자. 딩모춘이 계산을 끝내고 나오는 순간 잠복조가 권총을 발사했다. 그러나 재수 없는 행인 몇 사람만 쓰러졌을 뿐, 그는 특무공작의 두목답게 번개같이 달아났다. 이렇게 해서 딩모춘 암살공작은 실패로 돌아갔다. 정핑루는 특무공작대에 체포돼 이듬해 처형되었다. 조직의 라이벌이었던 리쓰췬은 이 사건을 기화로 딩모춘을 실각시켰다. 리쓰췬 일파는 적의 여공작원을 '76호'에 끌어들인 책임을 물어 딩모춘을 몰아냈고 그는 조직에서 쫓겨났다.

딩모춘은 요행히 미인계에서는 벗어났으나 법정의 단죄에서는 벗어날 수 없었다. 딩모춘은 2차 세계대전이 끝난 뒤 장개석 국민당 정부에 의해 일본 부역자로 체포돼 재판을 받았다. 국공내전의 와중에도 국민당 정부는 할 일을 했다. '왕징웨이 정부의 히믈러(나치의 친위대장)'라는 칭호까지 들은 그에 대한 판결은 "사형에 처한다. 종신공권을 박탈하고 가족의 필요생활비를 제외한 전 재산을 몰수한다"는 것이었다. 딩모춘은 왕징 정부의 항복 직후 국민당군의 접수에 협력했다. 그리고 정상참작에 반영해 달라고 몸부림치며 상소했다. 그러나 최고법원은 이를 기각했다. 결국 그는 1947년 7월 남경 교도소에서 46세로 총살형을 당했다 (이상 내용은《중국 대만 친일파 재판사》에 근거함).

영화를 보기 전에 관련 기사들을 보지 않기를 잘했다는 생각이 들었다. 리안 감독의 의도는 짐작이 간다. 미인계의 스파이로 잠입한 여자와 암살위협에 시달리는 특무공작대장이 겪는 정체성의 혼란이 감독의 주제인 듯하다. 각자가 처한 본연의 현실적인 위치와 시간이 지날수록 통제할 수 없는 애정에서 오는 동요, 즉 이성戒과 감정色의 경계에 대해 감독은 본질적인 질문을 던졌다. 그 물음은 영화적으로는 거의 성공한 것으로 보인다. 열정을 다한 배우의 연기, 완성도 높은 연출로 과다한 노출묘사의 당위성이 확보되었다. 그러나 이 영화의 실제가 악명 높은 딩모춘이며, 전문공작요원 정핑루임을 알았다면 내가 받은 영화의 감동은 사뭇 달라졌을 것이다.

2002년 〈이제는 말할 수 있다〉 '53년 만의 증언, 친일경찰 노덕술' 편 제작 당시 나는 딩모춘에 의해 암살된 강소성 고등법원 제2분원 재판장 위화선의 유가족을 찾았다. 위화선은 친일괴뢰 정권인 왕징웨이 정부의 이른바 화평운동 참가를 거부해 딩모춘의 테러공작 대상이 되었다. 수소문 끝에 위 재판장의 두 딸을 베이징에서 만날 수 있었다. 언니는 위펑郁風으로 당시 86세, 동생은 위샤오민郁曉民으로 당시 74세였다.

이제는 백발이 비치는 할머니가 된 두 딸은 아직도 그날의 장

딩모춘에 의해 암살된
강소성 고등법원 제2분원
재판장 위화선의 유가족

면을 생생히 기억하고 있었다. 1939년 11월 23일 아침 위 재판장
은 상해 프랑스 조계租界 선종로에 있는 자택에서 출근하다가 잠
복하고 있던 딩모춘의 76호 조직원에 의해 권총으로 암살당했다.
그의 아내가 보는 앞에서였다. 두 딸은 그때 본 핏자국과 화약냄
새가 아직도 기억난다며 몸서리쳤다. 두 자매의 늙은 얼굴에 치
유되지 않은 분노가 문득 서리면서 "친일파는, 악은 절대로 용서
해서는 안 된다"며 전율하던 것이 새삼스럽다. 새삼스럽게 그들
의 분노와 슬픔을 되살리게 한 것은 아닌지 무척 송구스러웠던
기억도 난다.

　영화를 아직 보지 않은 분에게는 죄송하다. 이 글이 악성 스포
일러가 될 수 있기 때문이다. 그러나 영화 〈색, 계〉의 상영이 끝
나기 전에 이 내용을 알리고 싶은 마음도 있다. 역사적 사실에 대
한 다큐멘터리의 해석과 문학적 감수성 그리고 영화적 상상력 간
에 경계와 한계가 어디까지인가를 알고 싶기 때문이다. 혹은 사

실의 규정력이 영화의 감상을 방해하는지 않는지에 대해서도 궁금하다. 물론 다큐멘터리와 영화는 다르다. 영화에서는 더 자유로운 해석과 상상이 가능하고 또 그러해야 한다.

개인적으로 조금 달리 생각해본다. 실제의 딩모춘이 친일파 처단 법정에서 사형판결을 받고 형이 집행되었기에 이 사건을 소재로 자유로운 상상력을 더한 〈색, 계〉와 같은 영화가 가능하지 않았을까. 그러지 않았다면 이런 영화가 관객들, 특히 중국의 관객들에게 용납되겠는가 말이다. 가령 우리 영화에서 딩모춘 자리에 노덕술이나 김창룡, 하판락 같은 이를 대입시키고 탕웨이를 능가하는 아리따운 한국 여배우를 상대역으로 해서 〈색, 계〉 같은 작품을 만드는 것이 가능할까? 아마 쉽지 않을 것이다. 일제시대 여류 비행사 박경원에 대한 미화 시비를 불러일으킨 영화 〈청연青燕〉의 흥행 실패 사례가 이를 입증하고 있다.

장개석 정부가 딩모춘에게 그러했던 것처럼 친일파는 때를 놓치지 않고 단죄되어야 했다. 〈색, 계〉를 보니 더욱 그 생각이 절실하다. 잘못 끼운 첫 단추의 업보를 우리는 지금도 보고 또 겪고 있다. 청산의 미완은 상상력의 구속으로 이어진다. 달리 말하면 청산이 끝난 곳에 상상은 시작된다. 그렇다면 우리의 〈색, 계〉는 언제나 가능할 것인가. 문득 부러움과 우울이 교차한다.

(2008)

탕웨이를 위하여

대만 출신 리안 감독의 영화 〈색, 계〉에서 파격적인 노출로 단번에 세계적인 스타가 된 탕웨이湯嗌가 중국에서 퇴출된다는 소식이다. 보도에 따르면 "탕웨이가 영화 〈색, 계〉에서 보여준 농도 짙은 정사장면으로 인해 중국 정부로부터 방송출연 금지처분을 받았다"고 한다. 그리고 "앞으로 중국 내 영화와 TV출연이 금지됐다"는 것이다. 중국 입국이 불허된다는 뉴스도 있다. 이미 중국의 주요 언론매체들은 "방송출연 금지는 물론 그녀가 출연한 CF까지 중국에서 방송하지 못하게 됐다"고 전했다. 탕웨이가 출연하는 광고는 600만 위안(약 8억 원)의 모델료를 받고 전속계약을 맺은 화장품 '폰즈'라고 한다.

연예 엔터테인먼트 계에서는 하룻밤 사이에 스타가 되는 일이 비일비재다. 29세가 되도록 거의 무명이던 탕웨이도 〈색, 계〉에서의 과감한 노출과 정사 연기로 그런 반열에 오른 줄 알았더니 일이 고약하게 진행되어간다. 한때는 탕웨이의 개런티가 30배 이상 폭등한다는 뉴스도 나왔다. 2007년에 그녀는 중국 언론이 선정한 2007년을 빛낸 여배우 1위에 뽑히기도 했다. 왜 안 그렇겠는가. 베니스영화제 황금사자상을 받은 영화의 히로인인데. 리안 감독을 만난 행운과 혼신을 다한 노력으로 연예계의 정상에 오르나 했더니 이제 급전직하의 추락이 그녀를 위협하고 있다. 그것도 불과 6개월도 되지 않아서 말이다.

영화 〈색, 계〉는 2007년 11월 개봉 이후 한국은 물론 중국, 홍콩 등지에서 리안 감독의 유명세와 베드신의 입소문에 힘입어 상당한 흥행을 올렸다. 중국 상영분에서는 정사신 등 지나친 노출 장면 30분 상당이 삭제당했다고 한다. 그러자 일부 중국인들 사이에서는 무삭제본을 보기 위해 때아닌 홍콩 원정관광 붐이 일어났다는 얘기도 있었다. 그 밖에도 아크로바트에 가까운(?) 극중 정사신을 실제로 모방하다가 부상당한 커플이 속출했다는 웃지 못할 얘기도 보도됐다. 또 일부 장면 삭제 개봉에 대한 법적 소송이 제기되기도 했다. 모 법학대학원 학생이 〈색, 계〉의 삭제 개봉은 중국인의 영화관람 권리를 침해한 것이라며 중국 광전총국 SARFT을 상대로 소송을 제기했다는 것이다. 한편 온라인에서는 '〈색, 계〉 바이러스'가 출현해 중국의 컴퓨터를 마비시켰다. 네티즌이 〈색, 계〉 무삭제판을 보기 위해 불법 다운로드를 시도할 경우 감염되는 '〈색, 계〉 바이러스'가 중국 전역에서 창궐, 수십만 대의 컴퓨터가 감염된 것이다.

이들 뉴스 중에는 영화 홍보를 위해 영화사나 기획사가 자가 발전시킨 기사 그리고 노이즈 마케팅식 기사도 없지 않을 것이다. 그러나 거의 광풍에 가까운 〈색, 계〉 신드롬은, 대다수 중국 관객들에게 이 영화가 항일전쟁기의 악질 특무공작대장과 미모의 스파이 사이에 일어난 실제 사건을 소재로 했다는 것이 큰 고려대상이 아니었다는 것을 여실히 보여준다. 불과 30년 전 홍위병의 선동에 '주자파'를 때려잡던(정말 글자 그대로 때려잡던) 중국인들이 한 세대 후 이런 영화에 열광하는 것을 어떻게 봐야 한단 말인가. 그것이 리안 감독의 탁월한 연출 덕분인가. 아니면 주제와 관계없이 에로틱한 노출장면을 즐기려는 현대 중국인의 관음증 때문인가.

이미 필자는 영화 〈색, 계〉와 관련, 역사적 사실과 영화적 상상력 사이의 긴장과 한계에 대해 논한 바 있다. 이 글에서 나는 영화 〈색, 계〉에서 량차오웨이가 분한 실존인물이 딩모춘이라는 얘기를 듣고, 이전에 필자가 다큐멘터리 '53년 만의 증언, 친일경찰 노덕술' 편 제작과정에서 취재한 적이 있는 인물임을 떠올렸다. 그는 바로 1930년대 말 중국 상하이에서 친일 왕징웨이 정부의 특무공작대장으로 악명을 떨친 인물이었던 것이다. 특무공작은 지하에서 테러, 암살 등 비밀공작을 하는 것을 말한다. 우리로 치면 노덕술이나 김창룡에 비견할 수 있는 인물이다.

악랄한 비밀공작대장과 그를 노리고 계획적으로 접근하는 미모의 스파이의 관계를 리안 감독은 역사적 맥락이 아닌 남녀 간의 욕망과 경계의 문제로 해석했다. 극도의 불신과 의심 속에서 남녀는 서로를 탐닉하고 학대하다가 결국에는 일탈하고 파멸한

영화 〈색, 계〉의
여주인공 탕웨이

다. 량차오웨이와 탕웨이가 벌이는 파격적인 노출과 폭력적인 정
사신은 영화의 구성상 어느 정도 당위성을 확보하고 있다. 설정
이 사뭇 그럴듯하다는 얘기다. 필자는 영화의 이와 같은 파격이
실존인물 딩모춘이 나중에 체포되어 장개석 정부의 부역자 재판
에서 처형되었기에 가능한 것이 아니었겠느냐고 해석해보았다.
현실의 법정에서 이미 단죄받은 인물이기에 미화를 하더라도 큰
부담이 없었을 것이라는 추리를 덧붙였다. 그래서 '청산이 끝난
곳에 상상은 시작된다'는 결론을 내렸다.

　그러나 중국은 그렇게 생각하지 않은 모양이다. 중국 정부는 개
봉 이후 못내 이 영화가 불편했던 것으로 보인다. 이 영화가 중국
사회에 일으키는 여러 신드롬이 당국이 상정해두고 있는 일정한
선을 넘어서는 것으로 생각하지 않았나 싶다. 표면적으로는 영화
에서의 노출장면이 너무 지나치다는 것이었다. 이를 방치하면 중
국 사회의 심리적 통제선이 무너질지도 모른다는 우려가 있었던

것 같다. 게다가 "〈색, 계〉의 검열은 중국인의 영화관람 권리를 침해한 것"이라며 일개 대학원생이 당국을 상대로 소송까지 해 대는 것을 예사롭지 않은 현상으로 받아들였을 수 있다. 또 아무리 영화라고는 하지만 실제 사건을 소재로 했다는 것이 항일전쟁과 이른바 해방전쟁(국공내전)을 거쳐 건국된 중화인민공화국으로서는 역사 해석상 결코 용납하기 어려웠을 것이다.

아니나 다를까. 보도에 따르면 이번 탕웨이 퇴출과 관련해 중국 정부는 "영화 〈색, 계〉가 항일전쟁의 가치를 폄하했으며 친일 정부를 수립한 왕징웨이 정부를 찬양했다"고 비판했다는 것이다. 또 중국 당국은 "〈색, 계〉는 지나친 성행위, 남녀 성기묘사 등의 행위 엄금에 대한 규정 위반으로 〈색, 계〉에 대한 일체의 언급을 금지시켰다"고 한다. 자유주의의 범람이 공권력에 대한 조롱으로 이어지는 사태를 더 이상 좌시하지 않겠다는 당국의 단호한 의지로 읽힌다. 혹은 대만 출신 감독과 홍콩 배우 그리고 미국의 자본과 기술이 연합해 중국 사회를 교묘하게 포위하고 공격하는 것으로 받아들였는지도 모를 일이다. 〈색, 계〉는 중국 내에서 이미 상영금지됐다.

주지하다시피 중국은 사실상 공안국가, 경찰국가에 해당한다. 국가체제의 유지(광대한 영토를 포함한)와 사회의 안정·통제를 무엇보다 중요하게 여긴다. 그들의 꿈은 CCTV 특별기획 다큐멘터리 〈대국굴기大國崛起〉에서 잘 드러나고 있다. '대국굴기'는 '세계에 우뚝 선 선진강국'이라는 뜻이다. 강대국의 성공법칙에서 교훈을 얻어 이를 벤치마킹해 마침내 그 자리에 우뚝 서겠다는 것이 중국의 속셈이다. 〈대국굴기〉 12부작 전편에는 중국의 선망羨望과 경계가 선명히 드러나고 있다. 선망은 곧 앞서 나간 여러 선진 강국의 통일과 팽창에 대한 것이며, 경계는 패퇴한 강국들의 분열과 해체에 대한 것이다.

중국 속담에 '배배주홀과가당杯杯酒吃垮家當 모모우타습의상毛毛雨打濕衣裳'이라는 말이 있다. '한 잔 한 잔 조금씩 마시는 술에 집안 재산 다 털어먹고 조금씩 내리는 비에 옷이 다 젖는다'는 뜻이다. 우리 속담으로 하면 '가랑비에 옷 젖는다'와 같다. 말하자면 만리장성의 붕괴도 벽돌 하나부터 시작한다는 얘기일 것이다. 분열과 해체를 우려하는 그들로서는 영화 한 편이 가져다주는 음습하고 퇴폐적인 변화를 좌시하지 못한다. 〈색, 계〉로 인한 중국 사회의 해이와 동요를 용납할 수도 없다. 제비 한 마리가 온다고 봄이 온 것은 아니다. 그러나 의심 많고 협량한 파수꾼의 눈에는 그 한 마리 제비부터 수상쩍다. 도저히 경계를 늦출 수 없는 노릇이다. 그런다고 오는 봄을 막을 수도 없을 텐데 말이다.

영화 〈색, 계〉와 아리따운 여배우 탕웨이에 가해지는 수난이 안타깝다. 얼핏 보면 한국 연예인 중 샤크라 출신 연기자 정려원을 닮은 것도 같고, 왕년의 〈전원일기〉에서 며느리로 나온 탤런트 박순천을 닮은 것도 같다. 그녀의 시련은 이것으로 끝나지 않을 것 같다. 뉴스를 보니 홍콩에서 열리는 아시안필름어워드에서 〈밀양〉의 전도연과 함께 유력 후보자였는데 돌연 수상 후보자의 명단에서 빠졌다고 한다. 이제 다시 화면에서 탕웨이를 볼 수 없는가. 그녀에게 무슨 죄가 있단 말인가. "검열은 그 사회의 자신감 부족을 반영한다"는 칼릴 지브란의 말이 문득 떠오른다.

2009년 현재 탕웨이는 미국 영화제작사인 바인스타인 사장을 만나는 등 헐리우드 진출을 위한 사전작업을 하고 있는 것으로 알려졌다. 그리고 한중 합작영화 출연설도 보도되고 있다. 그녀의 향후 활동이 주목된다.

(2008)

'과거사위 통폐합'은 역사의 퇴행

　　　　　　현 정권의 반역사적이고 퇴행적
인 행태가 계속되고 있다. 이른바 '과거사위 통폐합안'이 그것이
다. 한나라당 신지호 의원 등이 국회에 제출한 15개 관련 법률 개
정안은, 현행 14개 과거사 위원회의 기능을 '진실·화해를 위한
과거사정리 위원회'로 합치는 것을 골자로 하고 있다. '예산 절감
과 효율성 제고'를 입법 취지라고 밝혔지만 내용을 들여다보면
위원회 활동을 봉쇄하고 무력화하려는 심산인 것 같다.

　'제주 4.3사건 진상규명 및 희생자 명예회복 위원회'(이하 4.3위
원회) 같은 경우는 이미 8년 전부터 활동을 시작했다. 이 위원회
의 홈페이지에 들어가면 "진상을 규명하고 희생자와 유족들의
명예를 회복시켜 인권신장과 민주발전 및 국민화합에 이바지한
다"는 목적이 국무총리의 명의로 명기되어 있다. 4.3위원회뿐이
아니다. 모든 과거사위원회들은 당시 여야 합의에 의해 특별법이

제정되어 출범한 것이다. 우리 사회가 야만과 광기의 역사를 극복하려는 의지를 보여주는 시대정신의 반영이었다.

그런데 현 정권은 효율성 증진을 빌미로 출범과정과 활동목적이 엄연히 다른 과거사위원회들을 통합하려 하고 있다. 시한부 위원회들의 사건처리율은 대체로 20~30퍼센트대에 머물러 있다. 이런 마당에서 통폐합은 업무의 연속성과 효율성을 떨어뜨리는 것이다. 주무부처인 행정안전부의 "통폐합의 예산 절감 및 효율성 제고 효과가 크지 않다"는 의견도 철저히 무시되었다. 한마디로 이 정권은 과거사위원회의 활동이 달갑지 않은 모양이다.

그동안 과거사위원회는 현대사의 진실을 규명하고, 희생의 의미를 되새기는 역사적 해원解寃을 모색해왔다. 이는 한국현대사의 트라우마를 치료하는 장엄한 씻김굿이다. 과거사위원회는 우리 사회의 성숙함과 민주주의의 발전을 증거하는 것이다. 친일반민족행위, 4.3사건, 노근리 사건 등 과거사위원회가 다루는 여러 가지 사안 중 현 정권과 직접 관련된 것은 하나도 없어 보인다. MB정권은 불행한 과거사와의 화해를 기피하고 심지어 비호庇護하자는 것인가.

(2008)

인천 이민사박물관의 마체타

인천 월미도에 한국 이민사박물관이 들어섰다. 지난 6월 13일 거행된 이민사박물관의 뜻깊은 개관식에 참관할 기회가 있었다. 최초의 근대 개항지인 인천(제물포항)은 1902년 하와이 사탕수수농장 이민자 120여 명이 출발한 곳이다. 이후 65편의 이민선을 통해 7800여 명의 한인이 하와이로 건너가 오늘날 200만 재미 한인의 뿌리가 되었다. 또 인천은 1905년 멕시코 에네켄(애니깽) 농장 이민 1033명이 출발한 곳이다. 이들 중 일부는 16년 뒤 쿠바 이민자의 원조가 된다.

이렇듯 미국, 멕시코, 쿠바 이민의 출발지는 인천이다. 근대 이민의 시발점이 바로 인천인 것이다. 낯선 땅으로 떠나 새로운 삶의 기회를 찾는 고난의 개척자들이 마지막으로 보았을 조국의 땅이 제물포항 언덕이다. 그렇다면 이들이 수구초심首丘初心으로 그리워했을 뭍도 이곳이다. 오늘날에는 한국의 대표적인 관문 국제공항이 인천에 있다. 그 인천에 이민사박물관이 자리 잡은 것은 응당 자연스러워 보인다.

박물관은 역사의식과 기록문화를 담아두는 최적의 공간이다. 하와이, 멕시코, 쿠바 동포들은 인천을 모항母港으로 두고 있다. 이들의 시조는 조선조 말, 대한제국 시기에 조국을 떠났다. 초기 이민자들은 사탕수수 농장, 에네켄 농장의 고된 노동 속에서도 식민지로 영락한 조국의 독립을 위해 모금운동을 했던 빛나는 역사를 가지고 있다. 이들의 후손들이 박물관 건립에 열정과 관심을 보인 것은 유장한 뿌리의식의 발로로 보인다. 모천으로 돌아온 연어처럼.

이민사박물관의 상설전시관은 총 4개의 전시실로 구성돼 있다. 제1전시실은 이민의 출발지였던 개항 당시의 제물포항 등 한국의 첫 공식 이민의 역사를 보여준다. 제2전시실은 하와이 사탕수수농장의 미주 이민자를, 제3전시실은 멕시코, 쿠바 등 중남미 이민자들을 소개하고 있다. 제4전시실에서는 700만 해외동포의 현황과 인천의 미래상을 보여준다. 내가 보기에 이중 제2, 제3전시실이 하이라이트다.

범상한 눈으로 보면 그저 그런 구닥다리 물건으로 보일 수도 있다. 그러나 한 세기 전 열악한 시대를 떠올리며 몰입해보면 예사롭지 않게 다가올 전시품들도 꽤 있다. 미국과 멕시코 등지의 동포들이 유물 수집에 많은 도움을 주었다고 한다. 오래도록 소장하고 있던 유물들을 흔쾌히 내준 것이다. 하와이 사탕수수농장에서 일하던 한인 노동자들의 번호표 '방고'나 수레를 보면 당시의 체취와 애환이 아직도 서려 있는 듯하다.

그중에서도 특히 내 눈길을 끈 것은 멕시코에서 온 마체타(칼)였다. 지난 2005년 필자는 멕시코 이민 100주년 특집 다큐멘터리를 제작하면서 현지의 에네켄 농장을 가본 적이 있다. 에네켄은 가시가 많은 백마白麻 식물로 줄기는 짧고 살이 두껍다. 꼭지 부분에는 날카로운 피침이 있다. 껍질을 벗겨내고 섬유질을 추출해 주로 선박용 로프를 만든다. 억센 가시가 양쪽에 붙어 있는 에네켄 잎을 이 마체타로 잘라내야 하는데 보통 쉬운 일이 아니다. 칼날처럼 돋아난 꼭지의 피침과 양쪽의 가시들로 손은 상처를 입기 십상이다.

취재 당시 멕시코 유카탄 메리다에서 나는 실제로 오랜 에네켄 노동으로 손이 엉망이 된 한인 후손을 만난 적이 있다. 그 손은 지난 100년 동안 멕시코 한인들이 걸어온 고난의 삶을 표상하고 있었다. 녹슨 마체타는 바로 그것을 일깨워주었다. 한국 이민사박물관 제3전시실의 에네켄 채취용 칼 마체타. 2008년 한국, 우리가 어디에서 오고 어디로 가고 있는지 알고 싶다면, 인천 월미도에 가보라고 말하고 싶다.

(2008)

싱송외교와 평양의 선택

2008년 2월 26일 평양 한복판에 미국 국가 '성조기여 영원하라'의 선율이 울려퍼졌다. 로린 마젤이 지휘하는 뉴욕필하모닉의 평양 공연에서다. MBC 중계진의 연출로 잡힌 화면이 한국은 물론 CNN 등을 통해 전 세계로 송출되었다. 국가 연주 도중 화면은, 무대 정면에서 보아 왼쪽에 게양된 성조기에서 정확하게 줌아웃했다. 객석의 청중 리액션 컷도 자주 나왔다. 기립해서 경의를 표하는 북한 사람들은 진지했다.

물론 북한에서 미국 국가가 연주된 것은 이번이 처음은 아니라고 한다. 지난 2005년 6월 28일 세계여자권투협의회WBCF 챔피언 타이틀전이 평양 '류경정주영체육관'에서 열렸을 당시 1만 2000여 명의 관중들 앞에서 이미 미국 국가가 연주됐다고 한다. 이때 북한 여자 프로복싱 김광옥 선수와 미국의 이븐 카플스 선수가 라이트플라이급 타이틀 경기를 펼쳤고, 오프닝 세리모니에서 미국 국가가 '류경정주영체육관'에서 울려 퍼진 것이다. 따라서 이번 미국 국가 연주는 3년 만의 일이다.

이날 미국 국가가 연주되기 직전에는 북한의 애국가가 연주되었다. 이 실황 역시 MBC 채널을 통해 전국에 방송되었다. 월북시인 박세영이 작사, 북한 최고 작곡가인 김원균이 작곡했다는 북한의 '애국가'가 동시 생중계된 것이다. 역시 무대 오른쪽의 북한 국기 '인공기'에서 줌아웃하는 장면이 나왔다. 북한의 애국가가 한국에서 공개적으로 연주된 것도 이번이 처음은 아니다. 2005년 8월 전주에서 열린 동아시아 축구대회의 남북대결에서 양측은 태극기와 인공기를 게양하고 각각의 '애국가'를 연주했다고 한다.

언론이 따지는 최초 여부를 떠나서 2월 26일 평양 동평양대극장에서 열린 뉴욕필하모닉 공연은 북미관계와 남북관계에 있어 새로운 이정표가 될 것임을 소망한다. 한국전쟁 이후 평양에 제일 많은 미국인들이 왔다는 보도는 흥미로운 대목이다. 세계 언론은 앞 다투어 북미 간의 오케스트라 외교를 보도하고 있다. 미국과 중국 간의 냉전을 녹인 '핑퐁외교'에 빗대어 '싱송Sing Song 외교'라고 하는가 하면 바이올린 소리를 본떠 '핑핑외교'라고 칭하는 언론도 나왔다. '무기 대신 악기'를 들고 간 뉴욕필하모닉은 이데올로기를 녹이는 음악의 힘을 여실히 보여주었다. 음악은 정녕 북미 간의 신세계를 이끌어줄 것인가.

그러나 과도한 의미 부여에 조심스럽게 반응하는 입장도 있다. 북핵문제가 실질적인 진전을 보이지 않고 있고, 김정일 위원장이 참석하지 않아 미국의 당국자들은 이번 평양 공연은 하나의 공연일 뿐 그 이상도 이하도 아니라고 간주하는 것으로 알려져 있다. 그런 측면도 없지 않을 것이다. 제비 한 마리가 왔다고 봄이 오는 것은 아니다. 그러나 봄은 그 제비 한 마리의 몸짓에서부터 시작된다. 교류와 접촉은 상호 간의 이해와 우호증진의 가장 확실한 방법 중 하나다. 그 기초는 상대 존재의 인정에서 시작한다.

그런 점에서 3월 26일로 박두迫頭한 남북한의 월드컵 예선 평양 경기가 어떻게 될지 귀추가 주목된다. 북측은 스포츠 관례인 태극기나 애국가의 평양 연주를 불허하겠다는 입장이다. 대신에 한반도기와 아리랑을 대안으로 제시하고 있다. 붉은악마 응원단의 대거입국에도 난색을 표하고 있는 모양이다. 그러나 이는 FIFA 규정에도 어긋나고 상호주의에도 벗어난다. 앞서 말하였듯 동아시아축구대회에서 우리측은 이미 인공기와 북의 '애국가'를 실연한 바 있다. 그래서 "성조기는 되도 태극기는 안 되는 것이냐"는 지적이 비등하고 있다.

2월 26일과 3월 26일 공교롭게 한 달 간격으로 이루어지는 평양의 선택. 태극기, 애국가와 붉은악마가 가져다줄 북한 사회의 충격파를 우려하는 입장을 짐작하지 못할 바는 아니나 이번 경우는 어쩐지 자연스럽지 못하다. 2월 26일 동평양극장의 성조기, 미국 국가 이벤트가 없었다면 몰라도 말이다. 3월 26일에는 세계무대에 북의 진정성과 광폭廣幅정치를 보여줄 때다(남북한의 월드컵 예선 평양 경기는 열리지 못하고 결국 같은 해 9월에 중국 상하이에서 남북한 대결이 이뤄졌다─편집자).

(2008)

기록의 힘, 증언의 힘

"**최초의** 보도연맹원 처형은 한국 전쟁 발발 사흘 만에 강원도 횡성에서 이뤄졌다."

"처형 명령은 무전을 통해 대통령의 특명으로 받았다."

"6월 27일경 헌병사령부를 통해 대통령 특명으로 분대장급 이상 지휘관은 명령에 불복하는 부대원을 사형시키고 남로당 계열 및 보도연맹 관계자들을 처형하라는 무전지시를 직접 받았다."

"보도연맹원 소집은 각 경찰서별로 이뤄졌고, CIC(방첩대)가 보도연맹원 심사를 해 처형과 석방을 결정했다. CIC는 보도연맹원을 A·B·C급으로 분류, A급과 B급은 무조건 처형했다. 헌병대는 경찰서로부터 보도연맹원을 인계받아 처형했다. 처형은 주로 연대 헌병대가 주관하고 보병과 경찰 병력 일부를 지원받았다."

"보도연맹원으로 끌려가 죽은 사람들 중에는 아주 순박하고 어진 평범한 시민과 농민들이 많았다. 하지만 국가명령에 따라

6.25 당시 6사단 헌병대
소속이었던 김만식 씨의
증언하는 모습

처형을 하지 않을 수 없었다." (관련 기사 발췌 인용)

소설의 한 대목이 아니다. 너무도 생생한 육성증언이다. 지난
7월 4일 6.25 당시 6사단 헌병대 소속이었던 김만식 씨가 한국전
쟁 전후 민간인학살 진상규명 충북대책위원회(이하 충북대책위)에
서 주최한 '보도연맹원 학살사건 가해집단에 관한 충북대책위 기
자회견'에서 직접 밝힌 내용이다. 김만식 씨의 진술은 보도연맹
원 처형과정에 직접 참여한 헌병대 초급간부의 첫 증언이다. 이
번 증언은 보도연맹원 처형을 대통령 특명으로 받았고 그동안 알
려져 있던 첫 처형일이 7월 1일이 아닌 6월 28일이란 것을 밝혔다
는 점에서 매우 주목된다.

김만식 씨는 헌병대 상사로서 강원도 원주와 경북 영주의 보
도연맹원 학살현장에 있었으며 총을 쏘기도 한, 말하자면 가해집
단의 일원이다. 한편으로 그는 1950년 7월 대구 다부동 전투에

'육탄결사대' 소대장으로 참전해 전공을 세운 공로로 헌병대에서는 처음으로 '을지무공훈장'을 받았다. 이후 그는 1956년 육군 대위로 예편해 대한무공수훈자회 초대 충북지부장을 역임했다고 한다.

그의 이런 전력은 증언의 신뢰성과 동기의 진정성 측면에서 상당한 가치를 확보해준다. 최소한 색깔론 시비는 피할 수 있을 것으로 보인다. 전쟁영웅이요 국가유공자 아닌가. 그는 "조국을 사랑했기에 몸과 마음을 바쳐 전투에 참여해 전과를 올렸지만 보도연맹 생각만 하면 가슴이 아팠다"며 "인권 회복 차원에서라도 무고한 사람들의 한을 풀어주는 거름이 되는 마음으로 얘기를 꺼내기로 했다"고 말했다(《한겨레》 기사). 김씨의 용기와 휴머니즘에 진심으로 경의를 표한다.

한국전쟁에서 최대 비극 중 하나로 꼽히는 보도연맹원 학살 사건은 2001년 MBC 이채훈 피디의 〈이제는 말할 수 있다〉 보도연맹 2부작(1부 '잊혀진 대학살', 2부 '산 자와 죽은 자')에서 집중적으로 다룬 바 있다. 기실 이 프로그램은 담당 피디의 첨예한 문제의

보도연맹원 학살 현장 |

식과 집요한 천착을 통해 보도연맹 사건의 실체적 진실에 거의 접근했다고 본다. 대전교도소 교도관이나 경찰지서 주임 등의 증언과 예비검속을 적시하는 경찰의 전언통신문 등을 어렵사리 확보해 최초로 공개했던 것이다. 이러한 증거들은 보도연맹원 학살이 권력 최상층의 명령으로 이루어졌음을 자명하게 했다.

1부 '잊혀진 대학살'에서는 이 같은 증언과 기록을 토대로 내무부 장관, 법무부 장관, 국방부 장관에서 대통령으로 이어지는 당시의 공식명령 계통도를 정리했다. 경찰의 지휘권은 내무부 장관에게, 형무소 수감자들에 대한 권한은 법무부 장관에게, 군대의 지휘권은 국방부 장관에게 있었고 최고결정권자는 대통령이었던 것이다. 서중석 교수는 "보도연맹원을 수속하고 처형하는 과정을 보면 매우 일사불란한데 이는 최고위층의 재가 없이는 할 수 없는 일"이라고 진단했다. 2부 '산 자와 죽은 자'에서는 당시의 학살이 공식명령 계통을 뛰어넘어 CIC의 김창룡이 주도했음을 밝혀내기도 했다.

김만식 씨는 처형 집행을 맡은 입장에서 구체적인 내용을 생생하게 증언함으로써 사실관계 확인에 있어 사실상 종지부를 찍었다. 앞으로 보다 책임 있는 상급 위치에 있던 이의 추가 증언을 확보한다면 학살의 전모를 파악하는 데 더 용이할 것이다. 그런데 그런 사람이 아직 생존해 있을까. 김만식 씨의 나이는 81세(2007년), 6.25 당시에는 24세였다. 더 상급자라면 필경 김만식 씨보다 나이가 많았을 것이고 그렇다면 평균수명을 고려할 때 아마지금 이 세상에 없을 가능성이 더 많다.

이번 김만식 씨의 증언 기사를 보고 있자니 2001년의 일이 생각났다. 나로서는 뼈아픈 기억이다. 이채훈 피디가 보도연맹 다큐멘터리를 제작하고 있을 때, 〈이제는 말할 수 있다〉 제작진의 일원이었던 나는 '반민특위-승자와 패자' 편을 준비하고 있었다. 주지하다시피 반민특위는 이승만 정권에 의해 1949년 6월에 와해됐다. 이제는 반민특위와 직접 관련 있는 생존자가 많지 않다는 것에 감안해, 그들의 육성 증언을 체계적으로 담아 다큐멘터리로 남기겠다는 의도로 시작한 프로그램이었다.

반민특위를 취재하려면 당시 친일파를 비호하고 나아가 친일반민족행위자에 대한 척결을 방해했던 이승만 정권의 상황을 파악하는 것이 필수다. 이를 위해 생존해 있던 제1공화국 관련자를 증언자로 수소문하던 중 찾은 이가 장석윤 씨(당시 97세)다. 그는 해방 전 OSS(CIA의 전신) 대원으로 활동하다가 종전 후 미군정 고문관을 거쳐 이승만 정권에서는 제7대 내무부 장관(1952년 1~5월)을 역임했다. 당시 생존자 중에는 가장 유력한 제1공화국 관련자라 할 만했다. 미 군정기나 이승만 정권과 관련된 현대사 다큐멘터리에서 주요 인터뷰이interviewee로 빠지지 않는 인물이다. 다행히 섭외가 이루어져 인터뷰를 약속받았다.

그런데 문제는 장석윤 씨가 1950년 6월 당시에 내무부 치안국장으로 있었다는 것이다. 6월 25일 전쟁이 발발한 당일 오후 이승만 대통령의 주재로 국무회의가 열렸고 그 직후 내려진 '요시찰인 단속 및 형무소 엄중 경비' 건과 6월 28일의 '보도연맹원 예비검속' 명령이 치안국장의 명의로 발송됐다. 바로 장석윤 씨다. 그

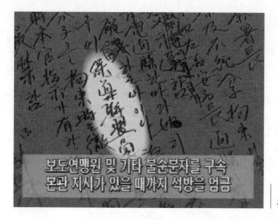

'보도연맹원 예비검속'
관련 지시사항이 담긴 문서

는 보도연맹 사건의 진상을 밝히는 데 더없이 확실한 위치에 있
었던 것이다. 이런 사정을 파악하고 있던 이채훈 피디는 장석윤
씨에 대한 섭외가 여의치 않자 내게 부탁을 해왔다. "반민특위나
이승만에 관한 인터뷰를 하면서 보도연맹에 대해서도 질문해달
라"는 것이었다. 그리고 예의 두 문건을 인터뷰 자료로 주었다.
마다할 이유가 없었다.

(인터뷰 막바지에) "하나만 더 여쭈어볼 게 있는데요. 6.25 때
치안국장으로 계시면서 그 저 뭡니까, 보도연맹원에 대한 예비검
속을 지시하지 않았나요?"

"그건 나는 모르겠는데······."

(그러자 치안국장 명으로 발송된 예의 '요시찰인 단속' 및 '예
비검속'에 관한 명령서 사본을 보여주면서) "여기 당시의 명령서
가 있습니다만······."

"뭐 글쎄, 누가 사인한 건지는 모르시지?"

"여기 치안국장으로 돼 있습니다."

"그거를 특별히 누가 했는지 모르지만 공산당은 요시찰인이니까…… 좌익은 전부(요시찰인이)니까……."

"치안국장 명의로 돼 있는데, 그때 치안국장 아니셨나요?"

"6월 얼마?"

"6월 25일."

"6월 25일이면 내가 맞는데……."

"어떤 식으로 진행되었습니까? 생각나시는 거 없습니까?"

"생각나는 거 없는데, 글쎄 난 그거 기억을 못하는데……."

(괄호 안은 필자의 보충 설명)

　　프리뷰 노트와 대본으로 재구성해본 인터뷰 상황이다. 고백하건대 인터뷰는 실패했다. 변명하자면 우선 고령이라 진행이 뜻대로 되지 않았다. 1904년 갑진생인 장석윤 씨의 당시 나이(2001년)

치안국장의 명의로 발송된
'보도연맹원 예비검속'
명령서

는 97세, 우리 나이로 98세다. 거동과 언사가 자유롭지 않은 노인을 상대로 각박하게 들이대기는 사뭇 적절하지 않았다. 기억이 잘 안 난다고 하시는데 어쩌랴. 그동안 각종 청문회에서 "모른다. 기억이 안 난다"는 진술을 워낙 들어와서 만성이 되었는지도 모르겠다. 이승만 정권에서 친일인사가 중용된 정황이나 반민특위에 관련해서는 그런대로 증언을 하다가 보도연맹 대목에 이르러서는 아예 입을 닫고 있는 그를 망연히 바라보다가 하릴없이 철수한 기억이 선연하다. 이채훈 피디는 '기억이 안 난다'는 대목을 어쩔 수 없이 편집해 방송하며, 특종을 놓쳤다고 아쉬워했다.

나중에 생각하니 이때가 보도연맹 사건과 관련해 매우 책임 있는 위치에 있던 이로부터 직접 증언을 들을 수 있는 마지막 기회였다. 안 되면 다음에 한 번 더 오겠다는 심정이었는데 오산이었다. 기회는 다시 오지 않았다. 이듬해인 2002년에 필자가 〈이제는 말할 수 있다〉 '53년 만의 증언, 친일경찰 노덕술' 편을 하면서 또 한 번 인터뷰를 요청했으나 그는 사람을 시켜 거부했다. 장 전 장관은 그로부터 얼마 지나지 않아 세상을 떠났다.

그는 해방 전에 한국 구미위원부에서 임시정부 연락관 역할을 맡기도 한 인물이었다. 이승만 정권의 주요 직책을 맡은 사람 중에서는 드물게 나름대로 독립운동의 전력을 가진 이다. 심전心田이 움직였다면 진솔한 토로를 해줄지도 모를 일이었다. 그날 "당시에 예비검속을 어떻게 집행했는지 사실관계만 좀 설명해주세요"라고 무릎을 꿇고 간곡히 호소해볼 걸 그랬다는 생각이 든다. 그의 '선택적 기억력'이 회복되기를 끈질기게 기다리고 인내했다

보도연맹 관련
장석윤 씨의 마지막 증언

면 이번 김만식 씨 증언 정도는 그때 들을 수 있었을지도 모른다. 증언다큐멘터리 〈이제는 말할 수 있다〉의 가장 큰 적은 세월이다. 시간은 흐르고, 사람에게는 영생이 주어지지 않은 것이다.

적법성도 없이, 최소한의 절차와 재판도 없이 보도연맹원(전쟁 이전에 좌경인사들을 관리할 목적으로 급조된)이라는 이유만으로 낮게 추정해도 최소 10만여 명을 처형했던 '보도연맹원 학살사건'. 그러나 반세기가 넘도록 그 진상과 전모는 다 드러나지 않고 있다. 집행과정과 내용도 밝혀져야 하지만 중요한 것은 왜 이런 일이 자행되어야 했는지에 대한 동기와 목적이다. 전면적인 전시상황(그것도 패주하고 있던)에서 당시의 위정자들은 군사적인 관점에서 용공 이적성利敵性이 있는 요시찰인을 신속하게 예방적으로 처형하는 것이 당연하다고 생각했는지 모른다.

〈한국전쟁기 남한의 민간인 학살의 유형과 성격〉을 발표한 정병준 목포대 교수는 "보도연맹원과 수감자를 학살한 표면적인 이유는 이들의 이적 가능성을 우려한 것이지만 한국 정부의 핵심

세력이었던 군경 우익의 내부결속을 다지기 위한 측면을 무시할 수 없다"고 분석했다. 전쟁 중 한국의 군경 가운데 적에게 투항한 경우가 없다는 것이 학살의 '효과'를 말해준다는 것이다(블로그 '내가 모르는 나'에서 재인용). 그리고 살아남은 이들에게는 반세기가 넘도록 계속된 연좌제의 위하威嚇가 기다리고 있었다. 야만과 폭력의 시대, 광기가 지배한 시대였다고 말할 수밖에 없다.

그 시대의 모순과 한계를 응시하며 다시는 그런 일이 일어나지 않도록 하는 것은 후대에게 주어진 거역할 수 없는 과제다. 이를 위한 가장 확실한 출발은 사실을 밝히고 진실을 규명하는 데 있다. 그 토대는 말할 것도 없이 기록과 증언이다. 생존본능에 의한 것이었다면 그대로, 상부의 명령에 의한 것이었다면 그대로, 소신과 확신에 의한 것이었다면 역시 그대로 민족과 역사 앞에 낱낱이 진실을 밝혀야 한다. 그런 점에서 보도연맹원 학살사건의 과정을 진술한 김만식 씨의 이번 증언은 참으로 소중하다.

문득 〈이제는 말할 수 있다〉를 제작할 때 한사코 증언을 거부하고 마침내 돌아가신 분들이 생각난다. 섭외는 거절당하고 카메라는 문전박대의 수모를 겪는다. 결국 취재에 실패하고 시간이 지난 뒤 그의 이름을 신문의 부고란에서 발견할 때의 낭패감과 아쉬움은 이루 말할 수 없다. 친일, 민간인 학살, 독재에 편승 또는 순치, 인권 유린, 언론 탄압, 배신과 음모, 부정과 비리……. 그 모든 것에 대해 '지금도 말할 수 없다' 또는 '끝까지 말할 수 없다'던 이들. 종당에는 무덤까지 안고 갈 정도로 그들에게는 진실의 무게가 그토록 엄중했던 것일까. 혹은 진실을 알리는 공포가 그렇게 가혹했던 것일까.

이번 일을 보면서 새삼스럽게 절감하는 것은 기록과 증언의 힘이다. 사실의 위력, 진실이 주는 파괴력을 다시 한 번 생각하게 된다. 그리고 "천망天網은 회회恢恢하나 소이불루疎而不漏"라는 오래된 금언을 떠올린다. 이 말은 《노자》에 나오는 말로 "하늘의 그물은 넓고 커서 성긴 듯해 보이지만 놓치는 것이 없다"는 뜻이다. 모든 것에는 때가 있다. 모든 사람에게 진실을 영원히 감출 수는 없다.

이 시대 '하늘의 그물'은 무엇인가. 아무래도 그것은 전파인 것만 같다. 전파는 천망天網의 메타포로 그럴싸하다. 하늘의 그물을 물리적으로 대신할 수 있는 것은 전파 곧 방송이기 때문이다. 대류권에서 성층권까지 하늘은 각종 전파로 가득하다. 방송은 천망, 즉 하늘의 그물로서 오로지 진실의 포획망이 되어야 한다. 그리하여 어딘가에 있을 또다른 김만식 씨를 찾아내야 한다. 그리고 카메라와 마이크로 그의 육성증언을 낱낱이 기록하고 증거해야 한다.

그 일은 아무래도 이 땅의 방송이, 그중에서도 지상파 공영방송이 해야 할 일이 아닌가 생각된다. 누가 또 그 일을 할 수 있겠는가. 주요 생존 증언자에 대한 구술사oral history를 채록하고 분류해놓아야 한다. 어떤 경우는 사후 공개를 조건으로 기록할 수도 있을 것이다. 기록은 기억을 지배한다. 역사의 단초는 기록에서 출발한다. 후대의 사가와 다큐멘터리스트는 여기에서 큰 힘을 얻을 것이다. 지금 누가 그 일을 하고 있는가.

(2007)

아, 카레이스키

착검을 한 군인 셋이 눈을 부라리고 있다. 등이 보이는 군인은 계급이 낮은 것 같은데 그도 착검을 하고 민간인들을 위압하고 있다. 화물차 앞에는 장교로 보이는 이가 손가락질을 하며 날카롭게 고함을 지르는 듯하다. 그렇게 군인들이 버티고 있는데 사람들은 남부여대, 우왕좌왕하고 있다. 군인들의 서슬에 놀라 눈물을 훔치는 이, 이쪽저쪽 눈치를 보는 이……. 모두들 기가 질린 주눅 든 모습이다. 그들은 자신들의 앞에 어떤 운명이 기다리고 있는지도 모른 채 '자기의 땅에서 유배당한 자들', 70여 년 전 연해주에서 중앙아시아로 강제이주된 한인들이다.

우즈베키스탄의 고려인 화가 안일(러시아명 블라디미르 안)은 그의 작품 〈화물차—강제이주〉('카레이스키' 기념전, 서울시립미술관 경희궁 분관)에 놀랍도록 세밀하고 적나라하게 당시의 상황을 재현했다.

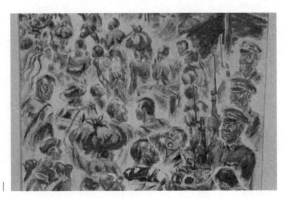

〈화물차-강제이주〉|

안일은 1929년 블라디보스토크 출생이다. 8살 때 그 참혹한 일을 당하고 그것이 원체험으로 오래도록 뇌리에 각인됐던 것 같다. 이 작품의 발표연도가 1990년인 것에서 충분히 짐작된다. 같이 전시되는 그의 다른 작품 〈낯선 땅-갈대숲〉이나 〈눈물 젖은 두만강〉 등에서도 오랜 세월이 지나도록 망각은커녕 더욱 강고해지는 가위눌림을 읽을 수 있다.

중앙아시아 우즈베키스탄 고려인 1세대 예술가로, 세밀화와 초상화의 대가로 알려진 안일. 전시된 그의 작품 중 압권은 〈고려인의 하늘〉이다. 전면에 강팍한 얼굴의 남자가 손을 들고 얼굴을 위로 하고 절규하고 있다. 그 너머에는 정처 잃은 사람들의 무리가 부유하고 있다. 흰 머리띠를 두른 것으로 보아 농사를 짓는 한민족의 모습이다. 칠흑 같은 하늘, 그들의 등 뒤에 수상쩍은 새가 날개를 펴덕이고 있다. '오 하느님. 이들을 긍휼히 여기소서.' 안일의 그림은 다소 직설적이지만 그러기에 작가의 경험이 얼마나 참담했는지 알 수 있다.

1937년 9월, 스탈린의 명령에 따라 강제로 이주된 연해주의 한인들. 그 한 달 전 지식인이나 학생, 기술자 등 2500여 명은 먼저 간첩혐의로 체포, 총살됐다. 나머지 17만여 한인들은 졸지에 "검은 까마귀 같은 기차 안에 쑤셔넣어져" 중앙아시아로 향해야 했다. 얼마나 고난에 찬 행로였는지 이동 도중 1만 1000여 명이 객사했다. 그리고 살아남은 이들에겐 상상할 수 없는 가혹한 형극荊棘과 신산辛酸의 삶이 요구되었다.

그동안 다큐멘터리(연출 김현종, MBC 〈러시아 유민사〉)나 드라마(연출 장수봉, MBC 〈카레이스키〉), 소설(조정래, 《아리랑》) 등을 통해 이들의 모진 삶은 많이 알려졌다. 카레이스키는 20세기 벽두 이래 중국으로, 일본으로, 하와이로, 멕시코로, 쿠바로 그리고 중앙아시아로 이어진 한민족 디아스포라(이산) 중 하나다. 어느 것인

| 〈고려인의 하늘〉

들 통한痛恨의 것이 아니지 않겠냐마는 고려인들의 유민은 특히 가슴 아프다. 이들은 어느 날 갑자기 아무런 연고도 없는 중앙아시아의 황량한 대지에 강제로 내동댕이쳐졌다. 참으로 '멀고 험난했던 인생길'이다.

스탈린이 한인들을 강제이주시킨 이유가 2차 세계대전 어간에 한인들의 친일 등 스파이 활동을 우려한 예방 차원이었다는데, 터무니없다. 그것은 한인들의 강고한 반일의지를 모르는 무지한 만행이자 폭력이었다. 한인들의 명예가 회복된 것은 1993년의 일이다. 그러나 여러 문제들이 모두 해소된 것은 아니었다. 구소련 붕괴 이후 일부에서는 새로운 차별과 불이익이 나타나고 있다는 소식도 있다.

그러나 지난 70년 동안 만난萬難을 극복하고 살아온 카레이스키(정확히는 '카레예츠')들이다. 언 땅을 개간해 농사를 짓고 살아남았다. 이들은 동토에서 벼농사를 성공한 기적의 주인공들이다. 희망을 일구고 꽃을 피웠다. 이번 강제이주 70주년 기념전에 같이 전시되는 2, 3세대 작가의 작품들에는 붉고 화려한 색채, 꽃과 수목이 그득하다. 신순남, 안일 등 1세대 작가는 유민의 고통과 역사적 트라우마에서 자유롭지 않다. 그러나 그들의 희생은 후세대로부터 보람을 얻는다. 이들의 그림에서 한민족의 끈질기고 왕성한 생명력을 목도한다.

지난 세기 한민족의 수난과 극복 그리고 비전을 압축해 보여주는 '카레이스키'전이다. 숙연함과 처연함이 어우러진다. 그런데 무료입장인 이 전시회의 하루 평균 입장객은 200명 선이라고

한다. 길 건너 모네 전시전과 렘브란트 전시전의 인파에 비해 서
울시립미술관 경희궁 분관 전시장은 한산하다. 강제이주 70년
후, 2007년 대한민국에서 그들에 대한 우리들의 인식은 이 정도
선인 것이다. 망각과 외면은 불편한 기억으로부터 도피하는 가장
편한 방법이다.

(2007)

〈아포칼립토〉와
치첸이트사의 마야 유적

지구촌 곳곳의 유적지에서 느
끼는 감정은 언제나 착잡하다. 그것이 중국의 만리장성이건 로마
의 콜로세움이건 별반 다르지 않다. 그것을 만들었던 사람들은
우주의 먼지로 변해 이미 스러졌다. 그리고 인간들의 미망만이
퇴락한 유적의 돌더미 사이에 애오라지 서려 있을 뿐이다. 제왕
의 위엄도, 관작官爵의 교활도, 신민臣民의 비굴도 긴 역사의 뒤안
길에서 그저 허허롭다. 애당초 그것이 만들어진 동기와 목적은
대부분 사라지고 그저 풍물의 하나가 되어 있을 뿐이다.

그런 줄 알면서도 우리는 지구 곳곳의 유적지 순례에 나서기
를 멈추지 않는다. 이집트의 피라미드로, 영국의 스톤헨지로, 크
메르의 앙코르와트로 행렬은 끊이지 않는다. 범인凡人들은 그곳
에서 우주의 섭리와 인생의 무상함을 깨닫는 것이 아니다. 조상
을 잘 만난 덕택에 그 풍경을 상품으로 내놓아 엄청난 관광소득

을 올리는 후손들을 부러워할 뿐이다. 이처럼 유적의 교훈은 대체로 위선적이다.

역사는 유적과 기록 사이에서 방황한다. 문자와 기록의 발생 전후를 놓고 역사학은 유사 이전과 역사시대로 나눈다. 유사 이전에는 신화와 전설이 문자의 부재를 대체한다. 부족한 기록을 채우고 상징과 비유를 풀어야 신화시대의 역사는 비로소 해석될 수 있다. 문자는 사라지고 유적만이 있을 때는 비약과 상상력이 유적지 돌기둥의 빈틈을 메운다. 상상은 때로는 불안하고 불완전하다.

한편 하나의 문명이 다른 문명을 침략했을 때는 양상이 또 다르다. 강한 문명이 약한 문명을 이기고 짓밟는다. 약자는 유린되고 빼앗긴다. 침략자는 문서를 태우고 강탈한다. 그리고 정벌한 자가 역사를 새로 쓰고 강자의 문명을 정당화한다. 이때 상상력은 승자에 편승한다. 현실의 발언권이 너무 크기 때문이다. 인류사는 이를 지겹도록 반복적으로 확인한 연속이었다.

한 문명과 다른 문명의 공존은 불가능한 것인가. 한 문명은 다른 문명을 야만이라고 규정할 수 있는가. 승자가 된 문명은 이에 대한 해석의 권한을 독점한다. 강자의 오만과 횡포는 통상 정의로 규정된다. 자본의 힘으로 혹은 문명의 이름으로. 그러기에 우리는 유명한 유적지 앞에서 무심한 관광객이 되기를 잠시 중단하고 오랜 세월 진행되어온 음모를 응시해야 한다. 피정복의 상흔을 안고 있는 유적의 돌더미와 마른 풀포기는 말없이 나그네의 각성을 기다리고 있다.

유카탄 반도의
고대마야 유적

　필자로 하여금 이런 역사적 성찰에 빠뜨리는 유적지 중의 하
나가 바로 멕시코 마야문명이다. 일찍이 드높은 수준을 유지했으
나 너무나 빠르게 참담한 파멸에 이른 문명. 그 비극적인 종말 때
문에 더 유명해진 마야문명. 한때는 절정을 구가했으되 세월이
지나 이제는 가뭇없는 문명이 어디 마야뿐이겠는가마는 알 수 없
는 동병상련과 처연함을 안겨준다. 퇴락한 마야문명의 유적지를
보면 문득 고고학자나 인류학자가 된 듯한 느낌에 사로잡힌다.
뭐랄까 문명사적 고뇌를 안겨주는 것이다.

　내가 접한 마야문명 유적지는 멕시코 유카탄 반도 치첸이트사
Chichen Itza다. 이곳은 멕시코의 신흥 휴양지로 유명한 칸쿤에서
가깝다. 10~13세기 멕시코 중앙고원에서 번영한 톨테크 시대는
신마야의 흥성기로 구분되는데, 바로 톨테크 시대의 수도가 치첸
이트사라고 한다.

　필자가 지난 2004년 멕시코 한인 이민 100년 특집 〈에네껜〉

제작을 위해 멕시코로 출장갔을 때, 취재대상인 한인 후손이 마침 치첸이트사 유적지의 관리소장을 맡고 있었다. 그의 이름은 라몬 리 레혼. 한인 3세다. 그이 덕택에 치첸이트사의 구석구석을 볼 수 있었다. 이 유적지에서 마야문명의 은성殷盛했던 흔적을 보고 있노라면 영고성쇠에 대한 감회가 엄습한다.

치첸이트사에서 처음에는 그들의 뛰어난 문명 수준에 놀란다. 피라미드와 신전, 천문대 등을 축조하는 비상한 건축술, 옥수수와 에네껜을 기반으로 하는 농업생산성, 춘하추동의 절기를 정확히 파악하는 천문학과 역법 등은 당시 지구상 어느 곳에서도 보기 힘든 고도의 문명이었다. 주 피라미드 '엘 카스티요'의 위용, 우리의 첨성대를 연상시키는 천문대 '카라콜' 그리고 해리 포터 소설의 빗자루 운동놀이에 영감을 준 것 같은 168미터에 달하는 볼 코트 등. 그러나 곧 이어지는 생각은 이 같은 문명을 지닌 마야인들이 왜 지금은 거의 흔적도 없이 사라지고 이렇게 돌무더기 유적지로 남아 있는가에 대한 의문이다.

마야문명은 역사적 전말에 대해 충분한 단서를 제공하지 않음으로써 수많은 인류학자와 고고학자들을 고민에 빠뜨리고 있다. 특히 하급군인들로 이루어진 스페인 정복자들이 마야어나 상형문자로 쓰인 서책들을 대부분 불태워 없앴다. 그래서 오늘날 마야문명 연구의 어려움은 가중된다. 그래서 마야는 더욱 오해되고 있는지도 모른다.

마야는 건축술이나 천문학적인 지식수준에 비해 지각과 교양의 수준은 높지 않았는지(사실 이런 평가도 당시 마야 사회에 대한 이

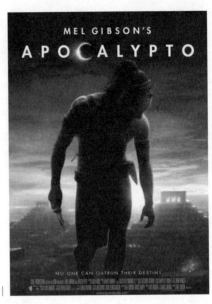
영화 〈아포칼립토〉 포스터 |

해의 부족에서 연유하는 것일 수 있다), 산 사람의 심장을 태양신의 제
단에 바치는 문화가 있었다. 또 오랜 기간 노예를 서로 뺏기 위해
부족 간의 전쟁이 계속되는 계급사회였다고 한다. 이로써 내부의
분열이 심했고 결정적으로 병장기兵仗器는 청동기 수준을 벗어나
지 못했던 것으로 보인다. 이것을 가지고서는 철기와 기마병으로
무장한 스페인 침략자들에 대항할 수 없었을 것이다.

　마야문명의 종언을 말하려면 멜 깁슨 감독의 영화 〈아포칼립
토〉 얘기를 하지 않을 수 없다. '아포칼립토'는 그리스말로 '새로
운 시작'을 의미한다고 한다. 새로운 시작이라니……. 멜 깁슨 감
독은 스페인 군대가 침략하기 전에 이미 마야문명은 자멸단계에
있었다고 보는 듯하다. 오히려 스페인의 침략으로 마야 세계는
내부모순을 끝내고 새로운 문명으로 들어간다는 메시지를 강하

게 주고 있다. 게다가 영화의 들머리는 '위대한 문명은 외세에 정복당하기 전 내부로부터 붕괴된다'는 미국 사학자 윌 듀랜트의 말로 시작한다.

〈아포칼립토〉의 영화적 재미와 완성도에 대한 할리우드의 평가는 극과 극을 달린다고 한다. 그것은 아무래도 좋다. 문제는 이 영화가 갖고 있는 마야의 문명과 역사에 대한 기본적인 인식과 시각이 매우 부당하다는 점이다. 스페인 정복자들이 마야·잉카 문명을 파괴하고 엄청난 인명을 학살한 것은 외면하고 문명 내부에서 벌어진 쟁탈전만을 야만적으로 그려낸 것은 서구인의 오만과 우월주의의 극치다.

어떻든 〈아포칼립토〉 때문에라도 치첸이트사의 마야 유적은 다시금 문명과 역사, 야만과 폭력에 대해 고민하게 한다. 유혈의 인신공양과 거듭된 부족 간 전쟁은 스페인 정복자에 대한 마야문명 전체의 저항력을 손상시켰음이 분명하다. 자신을 지켜내지 못한 문명은 역사 앞에서 발언권이 없다.

스페인 정복자에 대한 분노와 비판이 아무리 크고 정당하다 해도 이제는 현실적인 의미가 없다. 치첸이트사의 유적지는 결국 패배자의 교훈을 돌려준다. 오늘도 치첸이트사에 관광객은 몰려들지만 어쩐지 원주민들의 안색은 편치 않아 보인다. 잘난 조상 덕택에 편히 사는 후손들의 표정은 분명 아니다. 길게 늘어선 서구인들의 얼굴에서는 이국적인 호기심 이상이 느껴지지는 않는다. 정녕 또다른 새로운 시작 '아포칼립토'는 언제 올 것인가.

(2007)

기록은 미래의 관건이다

《멕시코 한인 이민 100년사》(이하 《100년사》)가 발간되었다. 재미작가 이자경 선생의 역작이다.

멕시코 이민 100주년의 해는 2005년이다. 100주년에서 비록 2년이 지났지만 산고 끝에 마침내 《100년사》가 세상에 나온 것이다. 5년여에 걸쳐 이 책을 쓴 이자경 선생은 이미 1998년에 《한국인 멕시코 이민사》를 낸 바 있다. 상하 2권으로 이루어진 이번의 《100년사》는 《한국인 멕시코 이민사》를 모태로 이후 새로이 발굴된 자료들까지 거의 완벽하게 망라해서 집대성한 최종 완결판이라고 해도 과언이 아니다.

1998년의 《한국인 멕시코 이민사》가 멕시코 한인 이민 후손들의 존재를 우연히 알게 된 작가의 개인적인 집필의 소산이었다면 이번 《100년사》는 멕시코 한인 이민 100주년 기념사업의 일환으로 시행된 정부 차원의 공식적인 과업의 결과로 알고 있다. 기념사업회가 한인회관 복원, 기념비 건립, 한멕 우정병원 개원 등 많은 사업을 벌이면서도 잊지 않고 100년의 역사를 정리하기로 한 결정에 경의를 표한다. 이는 드높은 역사의식의 발현이기 때문이다. 그리고 그 집필자로 이자경 선생이 선정된 것은 당연한 귀결이었다. 선생의 열정과 성실성이 아니었다면 《100년사》는 불가능했을 것이라고 생각된다. 필자가 지난 2005년 제작, 방송한 MBC의 멕시코 이민 100주년 특집 다큐멘터리 3부작 〈에네껜〉도 선생의 역저力著에 힘입은 바 크다. 그래서 이번 출간 소식에 더욱 반가움을 느낀다.

지금(2007년)으로부터 102년 전인 1905년 영국 상선 일포드 호를 타고 일단의 한인들이 생면부지의 땅 멕시코로 이민을 떠났다. 멕시코 유카탄 반도 메리다의 에네껜 농장에 1033명 내외의 한국인 노동자가 이주한 것이다. 그런데 이들의 멕시코 이민은 기만적인 '사기광고'에 의한 것이었다. 온갖 감언이설로 이루어진 당시 광고를 다시 보면 이런 허튼수작에 농락당한 100년 전 대한제국의 수준에 통탄을 금할 길이 없다. 그때의 한국인은 세상 돌아가는 물정을 전혀 몰랐던 것이다. 그로 인해 야기된 4년간의 농장 채무노동은 '사실상 노예'라는 말이 결코 과장이 아닐 정도로 수난과 고통의 점철이었다.

멕시코 에네껜 이민은 이미 2년 전에 시작되었던 하와이 사탕수수 이민과는 현저히 다르다. 단 한 번의 이민 송출로 끝났기 때문이다. 부자가 되리라는 꿈을 안고 이역만리로 떠난 그들은 모국에서 잊혀진 채 멕시코에서 가혹한 삶을 살아야 했다. 그들은 반세기 이상 우리에게 잊혀졌다. 1905년 을사늑약에 이은 35년간 일제의 식민통치 그리고 2차 세계대전과 분단, 한국전쟁 등 현대사의 격류 속에서 이들은 모국과 단절되었다. 그리고 어쩔 수 없이 현지에 동화되어갔다.

에네켄 이민 후손들의 존재가 비로소 국내에 알려진 것은 1960년대 이후 한국 여권으로 멕시코 유학과 이민을 가게 되면서부터라고 생각된다. 이들의 디아스포라와 고난에 찬 행로는 김상열 선생의 연극 〈애니깽〉을 통해 본격적으로 다루어지기 시작했다. 이후 언론의 현지 르포, 학계의 연구가 이어졌다. 참으로 만시지탄이 있는 것이다.

그런 상황에서 필자는 이민 100년을 맞아 다큐멘터리 〈에네껜〉을 제작하게 되었다. 이 프로그램은 국내에서 3번에 걸쳐 앙코르 방송되었고, 멕시코 카날온세 방송을 통해서 스페인어판으로 멕시코 현지에서도 방송되었다. 이민 100주년의 의의는 우리만이 아닌 멕시코인들과 공유할 소중한 가치일진대 이 프로그램이 멕시코에서 방영된 것은 사뭇 뜻있는 일이라고 자평한다.

이자경 선생의 《멕시코 한인 이민 100년사》는 지난 한 세기 동안 에네껜 한인들이 멕시코와 쿠바 일대에서 겪은 파란만장한 삶의 굴곡을 역사서로 정리한 것이다. 구석구석 현지를 답사하고 자료를 발굴하여 온몸으로 기록해내려간 역작이다. 이처럼 기록할 줄 아는 역사의식은 현재를 규정하고 미래를 결정하는 관건이다. 이 책의 부제는 '에네껜 가시밭의 100년 오딧세이'다. 그야말로 《100년사》는 에네껜 한인들의 영고성쇠와 간난신고를 그린 장엄한 서사시다.

정부는 일제시대 독립운동가들과 초기 이민사 등 해외에서 활동한 동포들의 유적 및 물품 등에 대한 발굴·보전작업을 통합·추진하기로 결정했다고 한다. 외교부, 문화관광부, 문화재청, 국가보훈처 등 해당 부처가 모두 참여하는 '해외소재한인유산관리위원회'의 출범을 환영하며 조국이 어려울 때 독립운동 성금 모금을 했던 에네켄 한인 이민들의 역사와 기록이 체계적으로 관리되기를 소망한다. 한민족의 강인함과 생존력을 보여준 에네켄 이민 100년을 회고하며 새로운 100년을 향하여 우리에게 주어진 과제와 책무를 생각하게 된다.

(2007)

친일파 재산 국가귀속에 부쳐

최근 일제강점기에 이완용, 송병준 등 친일파들이 축재한 재산에 대해 국가귀속 결정이 내려졌다. 친일반민족행위자재산조사위원회가 내린 결정이다. 이번에 해당되는 재산은 이들 후손이 보유한 토지 총 25만 4906제곱미터다 (추정시가 63억 원). 친일반민족행위자들은 러일전쟁 이후 1904년에서 1910년까지 한반도 주권을 일본에 내주는 데 주도적인 역할을 했다. 이들은 친일행위의 대가로 당시 일제로부터 귀족작위를 받고 각종 현물대가도 받았다. 그렇게 해서 형성된 재산에 대해 마침내 국가귀속 결정이 내려진 것이다. 반민특위 와해(1949년 6월 6일) 이후 58년 만의 일이다.

제1조 일본 정부와 통모하여 한일합병에 적극 협력한 자는 사형 또는 무기징역에 처하고 그 재산과 유산의 전부 혹은 2분

지 1 이상을 몰수한다.

　제2조 일본 정부로부터 작위爵를 수한 자는 무기징역 또는 5년 이상의 징역에 처하고 그 재산과 유산의 전부 혹은 2분지 1 이상을 몰수한다.

　제3조 일본 치하 독립운동가나 그 가족을 악의로 살상 박해한 자는 사형, 무기 또는 5년 이상의 징역에 처하고 그 재산의 전부 혹은 일부를 몰수한다.

　이상은 제헌의회에서 만들어져 반민특위의 법적 근거가 되었던 '반민족행위처벌법'의 일부다. 그러나 주지하다시피 1949년 이승만 정권에 의해 반민특위는 강제로 해산되고 친일파 척결은 무위로 돌아갔다. 반민특위가 법대로만 가동되었다면 많은 것이 달라졌을 것이다. 아마도(!) 반민족행위자들은 법적 절차에 따라 처단되고 재산이 몰수되었을 것이다. 어쩌면 민족정기가 바로 서게 되었을지도 모른다. 하지만 이른바 '잘못 꿰어진 첫 단추' 이후 한국의 매무시는 그렇게 되지 않았다.

　왜곡된 한국 현대사는 교활한 기회주의를 가르쳤고 역사에 대한 냉소주의와 허무주의를 안겼다. 친일파들은 해방 이후 도래한 냉전시대에서 재빠르게 변신하여 반공투사가 되었고 출세가도를 달렸다. 일제시대에 독립운동가를 탄압하던 그들이 해방 후 독재정권의 주구가 되어 고문과 인권유린의 전위가 된 것은 우리 역사의 크나큰 불행이다. 세간의 속설처럼 독립운동가의 자손들은 영락零落하고, 친일파의 자손들은 대대손손 기득권을 누리고 있다.

대한민국의 이런 가치전도에 대해서 먼저 재야학자 임종국이 고발에 나섰다. 그리고 일부 작가들이 나섰다. 이병주가 그랬고 조정래가 그랬다. 그러나 소설 속의 미풍微風이었다. 언론은 오랫 동안 침묵했다. 친일파의 온존을 기도했던 권력이 너무 강고했기 때문이었을까. 어떤 이는 이제는 너무 세월이 지났다고 말했고 어떤 이는 친일반민족행위자인 당사자들은 대부분 죽고 없다고 말했다. 혹자는 형벌불소급의 원칙을 말했고 또다른 이는 자칫 연좌제가 될 수 있음을 언급했다. 잘난 지식이 법리의 사슬에 사로잡혀 있는 동안 민족의 양심은 절망했고 영악한 처세술이 발호했다. 과거사 청산을 도모한 다른 나라의 경우를 보면 답답해질 뿐이다.

　프랑스는 2차 세계대전 후 나치협력 반역자collaborateur에 대한 숙청에서 악질적인 나치 협력자들을 사형과 무기강제노동형에 처했다. 4년여의 나치 치하 기간 동안 부역한 나치 협력자 99만여 명이 체포됐다. 이중 6763명에게 사형이 선고됐고 나치협력 공직자 12만여 명이 시민권 박탈, 파면, 조기퇴직을 포함한 행정처분을 받아 관료사회에서 추방되었다(주섭일, 《프랑스의 대숙청》). 지금 프랑스의 지성들은 당시의 나치 협력자 처단이 전쟁 직후의 격앙된 분위기 속에서 다소 감정적으로 흘렀음을 반성하고 있다. 프랑스니까 가능한 일인지도 모른다.

　국공내전 중의 중국도 친일파 숙청을 실시했다. 중국에서는 친일파를 한간漢奸이라고 하는데 이는 '중국인으로서 적과 내통하는 자, 매국노'란 뜻이다. 중국에서의 한간재판은 국민당의 경우 처리건수만 4만 5000건, 형이 확정된 수가 1만 5000건에 달했고 사형 집행도 350건이 넘었다. 공산당은 이미 1940년부터 '목전시정강령目前施政綱領'을 통해 한간들을 다스렸다. 이들의 한간 처리는 국민당에 비해 엄격했다(마스이 야스이치, 《중국 대만 친일재판사》). 어떤 사람들은 우리나라가 해방과 동시에 나타난 좌우대립으로 인해 친일 청산의 기회를 놓쳤다는 식으로 말하곤 한다. 그러나 내전 시기의 중국을 보면 이는 변명에 불과하다는 것을 알 수 있다.

우리나라에서 친일세력은 숙청은커녕 세습되어 기득권층으로 고착화됐다. 친일파의 후손들은 그들의 선대가 친일행위를 통해 축적했던 재산을 대부분 물려받았다. 혼란기에 일부 흩어진 것은 법적 소송을 통해서 되찾으려는 시도도 진행되었다. 그들이 제기한 재산 관련 소송의 승소율은 40~50퍼센트나 되었다고 한다. 친일파 재산 환수에 관한 법적 체계가 마련되지 못한 허점을 노린 것이다. 〈피디수첩〉이 '매국노의 땅찾기'라는 제목으로 이를 고발한 것은 이미 1993년의 일이다. 이후 〈이제는 말할 수 있다〉가 친일파 시리즈 3부작을 마무리한 것은 2004년이다. 그리고 〈친일반민족행위자 재산의 국가귀속에 관한 특별법〉이 제정된 것은 2005년의 일이다.

이번 친일반민족행위자재산조사위원회의 친일재산 국가귀속 결정에 만시지탄을 느끼지 않을 수 없다. 귀속된 재산은 독립유공자와 유족의 예우와 생활안정을 위한 지원금, 독립운동 관련 기념사업 등에 우선적으로 쓰인다고 한다. 조국의 광복을 위해

풍찬노숙하다가 유명을 달리한 순국선열들에게 부끄러운 일이다. 일부 친일파 후손들이 국가를 상대로 땅을 돌려달라는 소송을 냈다가 "소송청구 권리를 포기하고 향후 소유권도 주장하지 않겠다"며 소송을 포기했다는 보도도 나오고 있다. 이제 세가 불리한 것을 알고 소송을 거두어들이는 것인지도 모른다. 진상규명과 재산조사 등 두 개의 칼날로 압박되는 친일반민족행위 청산작업이 얻어내는 결과물이라고 할 수 있다.

하지만 이쯤 되었다고 해서 상황이 다 끝난 것은 아니다. 특히 직무유기를 해온 언론이 행여 할 바를 다했다고 안일하게 생각하지 않아야 할 것이다. 근착 〈피디저널〉에서 친일문제 전문가 정운현 친일반민족행위진상규명위원회 사무처장은 우리 방송에 할 일이 더 많이 있음을 고언苦言했다. 각 방송사 다큐멘터리와 시사고발프로그램의 관심과 분발이 필요하다.

(2007)

지상파 방송과
미디어 공공성

....

지상파 방송에 대한 부당한 폄하와 근거 없는
때리기는 중단되어야 한다. 사실로도 옳지 않고
정서적으로도 맞지 않다. 지상파 방송은 지난 세월
영욕이 교차하는 가운데 우리 국민과 함께
생사고락을 같이했다.

《쥬라기 공원》과 미디어법안

《쥬라기 공원Jurassic Park》은 마이클 크라이튼의 소설이다. 그의 소설들은 치밀한 복선과 과학적 상상력을 기초로 하는 가운데 진지한 문명비판적 메시지를 담고 있다. 그러면서도 폭넓은 대중성을 지녀 대부분의 작품이 베스트 셀러가 되었고 또 헐리우드의 찬사 속에 영화화되었다. 《쥬라기 공원》도 스티븐 스필버그에 의해 영화로 만들어져 공전의 대박을 터뜨렸다.

《쥬라기 공원》은 한마디로 공룡을 주제로 한 테마파크다. 기상천외한 이 공룡 공원의 첫 단추는 호박琥珀 속에 든 모기 피다. 호박은 수천만 년 전 송진이 굳어 화석이 된 것으로 보석의 일종이다. 이 호박 안에는 때때로 모기와 같은 흡혈곤충이 들어 있을 수가 있는데 이런 호박이 보석으로서도 더 비싸다고 한다. 만약 이 모기가 6500만 년 전 중생대에 생존해 있다가 굳어진 것이라

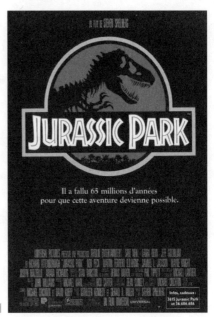

영화 〈쥬라기 공원〉 포스터 |

면 그것의 몸 안에 당시에 흡혈했던 공룡의 피가 남아 있을 법도
하다.

이 같은 착상에서 출발하여 호박 속 흡혈곤충의 체내에 담긴
피에서 공룡의 DNA를 되살려 현대에 공룡을 복제한다는 이야기
가 《쥬라기 공원》 내용이다. 전문가들에 따르면 이 같은 방식으
로 공룡을 복제하는 것은 이론상 가능하다고 한다. 다만 그러기
위해서는 엄청난 양의 호박이 필요하다는 얘기를 들은 적이 있
다. 어떻든 마이클 크라이튼은 과감한 상상력과 매우 과학적인
설정으로 《쥬라기 공원》을 그려냈고 스필버그는 여기에 초정밀
CG와 스펙터클로 소설을 능가하는 충격적인 영상을 구현하는
데 성공했다.

작품 속에서 공룡 테마파크를 기획하고 추진하는 이는 기업가 존 해몬드다. 그는 DNA를 연구하는 유전공학자와 공룡연구학자들을 동원해 예의 호박 속 모기 피에서 공룡의 DNA를 추출해 양서류의 유전자와 결합하는 방식으로 초식공룡, 육식공룡, 익룡 등을 복제하는 데 성공한다. 그리고 그는 여세를 몰아 코스타리카 근처의 '안개 섬'에 유료 공원을 만들고자 한다.

_ 세계 유일의 공룡 테마파크, '쥬라기 공원'

'쥬라기 공원'은 말하자면 대자본과 첨단 테크놀로지의 결합으로 만들어지는 인류 역사 이래 최초, 세계 유일의 공룡 테마파크다. 해몬드는 사업의 성공을 확신한다. 왜 안 그러겠는가. 화석으로만 보던 공룡, 상상 속에서나 가능한 공룡 테마파크를 만들었는데……. '쥬라기 공원'은 테마파크업계의 블루오션이라고 할 만하다. 동물원, 박물관이 재래식 볼거리라면 디즈니랜드와 같은 놀이공원은 더 진일보한 개념이다. 여기에 각종 콘셉을 투사한 테마파크는 놀이공원계의 뉴미디어라 할 수 있겠는데 그중에서도 이 공룡 테마파크는 상상을 초월하는 최첨단 뉴미디어인 셈이다.

소설은 2편, 영화는 3편까지 나온 작품이라 줄거리를 일일이 소개할 생각은 없다. 우리는 결말을 이미 알고 있다. '쥬라기 공원'의 기획자 해몬드는 과학문명과 대자본의 힘으로 공룡을 만들어냈으나 공룡은 인간이 만든 질서에 순응하지 않는다. 오히려 공룡들은 신의 영역을 침범하고 섭리를 거스르는 인간의 오만함에 대해 자연과 생명의 이름으로 보복한다. 공룡에게는 공룡의 법칙이 있다.

가령 공원의 설계자는 공룡의 개체수를 통제하기 위해 염색체 조절로 모두 암컷으로 만들어 자연번식이 불가능하도록 하였다. 그러나 공룡들의 종족번식본능은 이 프로그램을 무력화시키고 스스로 성性을 바꾸어 번식한다. 이때 공룡복제에 사용된 양서류의 유전자는 매우 중요한 복선이 된다. 그렇게 해서 사람들이 모르는 사이에 공룡의 개체수가 엄청 늘어났지만 공룡 수의 감소 방지에만 신경을 쓴 관리 프로그램은 이를 알아차리지 못한다.

또 공원은 공룡의 관리와 관람의 편의를 위해 육식공룡과 초식공룡의 구역을 나누어 설계했다. 이 시스템도 단 한 번의 정전 사고로 일시에 붕괴된다. 벨로시렙터, 티라노사우루스 등 포악한 육식공룡은 철책을 뛰어넘고 초식공룡을 공격하며 서로 다툰다. 섬의 지배자가 된 공룡들은 공원 내의 인간을 공격한다. 그들은 사육사, 관리인, 연구자, 자본가를 가리지 않는다. 공룡들의 행동은 학습효과를 통해 갈수록 진화된다.

존 해몬드의 구상은 실패로 돌아가고 등장인물들의 다수는 덧없이 희생되거나 초주검이 된다. 마침내 인간들은 공룡들이 마구 날뛰는 섬을 버리고 달아난다. 소설과 영화는 공룡의 무리를 살려 두고 이를 복선으로 계속 속편을 만들지만 결말은 늘상 같다. 과학문명은 패배하고 인간의 오만과 욕심은 응징을 당한다. 그리고 공룡들은 통제되지 않는다. 마이클 크라이튼이 정말 하고 싶은 말은 속편 소설인 《잃어버린 세계》에 나온다. 즉 '생명은 통제되지 않는다'는 것이다.

_ 생명은 통제되지 않는다

그렇다. 무릇 생명은 통제되지 않는다. 이 한마디를 위해 긴 길을 돌아왔다. 이제 하고 싶은 얘기는 정부여당이 추진하는 이른바 7대 미디어 악법이다. 《쥬라기 공원》의 상황과 이번 미디어법안의 판세에 유사한 점이 너무 많아 다소 긴 도입부를 설정했다. 미디어도 알고 보면 유기적인 조직체로서 사실상 생명체다. 생명은 그 자체로서 존립하고 번식하며 나아가 증대되고자 한다. 즉 미디어 또한 생명으로서 통제되지 않으려 한다.

정부여당은 미디어법안을 통해 대기업, 신문사가 지상파, 종편 PP, 보도전문 채널에 진입할 수 있도록 추진하고 있다. 또 외국자본에게도 종편 PP의 진출이 가능하도록 빗장을 열고 있다. IPTV 등 방통융합 시대의 도래로 규제의 틀을 바꾸어야 하며 이로써 글로벌 미디어기업을 만들어 일자리 창출을 도모할 수 있다는 주장이다. 종전의 제도는 낡은 것이고 기득권 지키기에 불과하니 칸막이를 허물고 경쟁의 시대로 가야 한다는 것이 정책 입안자들의 입장인 것으로 보인다.

미디어 악법의 문제에 대한 지적은 다른 자리에서 충분히 논의되고 있다. 여론 다양성에 대한 고려나 새로운 플레이어 진입 이후 적절한 게임의 규칙을 수립하는 노력의 미흡함이 지적되고 있다. 또 일자리 창출 숫자의 허구, 글로벌 미디어기업의 허상, 신방겸영 허용논리의 허실 등도 하나씩 실체를 드러내고 있다. 그래서 여기서는 향후 만약 법안이 거의 현실화될 경우 어떤 문제가 있을지 '마이클 크라이튼적인 관점'에서 짚어보고자 한다.

_ '미디어 5년 주기설' 뛰어넘는 MB정권

한국의 미디어 상황은 5년 주기로 변하였다. 미디어 관련 정책의 변천사를 보면 노태우 정권 이후 노무현 정권까지 5년 주기로 새로운 미디어가 등장했음을 알 수 있다(연세대 강상현 교수). 즉 1990년 노태우 정권의 민영상업방송 허가에 이어, 1995년 YS정권의 종합유선방송 개시와 지역민방 개국, 2000년 DJ정권의 통합방송법 및 디지털방송 추진위, 2005년 노무현정권의 디지털케이블 본방송 개시 및 DMB 방송 실시 등이 그것이다.

그렇다면 5년 주기설은 왜 나왔는가. 이는 정확히 단임제 아래의 현행 대통령 임기와 일치한다. 5년마다 들어서는 정권이 미디어 제도에 변화를 주고 새로운 미디어를 등장시켰다. 이는 집권에 성공한 정권이 임기 중에 뉴미디어를 도입해 기존 미디어를 길들이고 신성장 동력을 확보함으로써 정치적 기반을 확대하려는 의도와 무관하지 않다.

5년 주기설대로라면 MB정권에서의 새로운 미디어는 2010년에 나와야 맞다(?). 그러나 IPTV는 이미 2008년 12월에 시작했다. 또 논란 중인 미디어법안이 정부여당의 안대로 가면 2009년 중에는 뭔가 나오고야 말 것 같다. 관계자들은 올해가 미디어 빅뱅의 원년이라고 공공연히 압박하니 말이다. 이는 그만큼 현 정권이 공론화 과정 없이 속도를 내고 있고, 밀어붙이기를 하고 있다는 얘기다.

지금까지 한국에서의 뉴미디어 도입은 경제나 기술논리보다 정치논리에 근거하고 있다. 뉴미디어의 등장은 시청자 복지에 대한 충분한 배려, 재원 등 경제적 조건, 콘텐츠의 안정적 확보 등에 대한 면밀한 검토 없이 대부분 졸속으로 이루어졌다. 그래서 '미디어 난개발'이라는 비판이 나오고 있다. 정권의 한건주의라는 지적도 가능하다.

이렇게 등장한 케이블, 위성 방송 등 후발 미디어들은 끊임없이 자신들의 생존을 위해 정책 당국을 압박했다. 진입을 허용한 '원죄'를 지닌 당국은 임기 중 자신들이 도장을 찍어준 뉴미디어들이 파탄나는 것을 보고 싶지 않았다. 그 결과 지상파 콘텐츠 재전송, 중간광고 허용, 24시간 종일 방송, 방송심의 기준, SO의 보도기능, TV공시청 안테나 문제 등에서 진입 초기의 방침과 다른 규제완화가 나왔다. 이전 정권에서 지상파 DMB 방송에 대해 중간광고의 허용을 추진했던 것도 다 그런 이유다.

사정이 이러할진대 포화상태의 미디어시장에 정부여당의 각본대로 신문사나 대기업의 보도전문 채널, 종편 PP 진출이 이루어지면 어떻게 될 것인가. 이들은 기존의 지상파 채널에 진입할 것인가 혹은 신규 지상파 채널을 확보할 것인가. 갓 출범한 IPTV는 시장의 초기 연착륙을 어떻게 달성할 것인가. 지상파 등 기존의 미디어들은 살아남기 위해 어떤 대응을 보일 것인가. 정녕 정부여당의 시나리오대로 견제와 경쟁 속에 통합이 이루어지고 글로벌 미디어기업으로 재편될 것인가.

여기에는 낙관적인 근거가 많지 않다. 우선 재원의 문제다. 지난해 우리 경제는 MB정권 초기 환율 관리의 실패로 어려운 상황을 겪었고, 이어서 미국발 경제위기의 직격탄을 맞았다. 작년 방송광고시장에서는 지상파의 경우 2007년 대비 2100억 원에 가까운 감소가 발생했다. 이제 연간 2조 원의 벽마저 무너질지도 모른다는 예측이 엄습하는 국면이다. 케이블, 위성 방송, IPTV라고 다르지 않다. 법안이 바뀌고 플레이어가 늘어난다고 당장 수익모델이 바뀌지 않는다.

공영방송법을 구체화할 경우 수신료 인상의 문제에 당면한다. 알려진 바처럼 재원의 80퍼센트를 수신료로 하려면 현행 2500원인 수신료가 최소한 7000~8000원 이상으로 인상되어야 한다. MBC가 공영방송 정체성을 선언할 경우 수신료의 액면가는 더 늘어나야 할 것이다. 하지만 지상파 콘텐츠에 대한 수용자들의 만성적인 공짜 심리, 어려운 경제 사정 등으로 수신료 인상이 쉽지 않다. 특히 최근과 같은 KBS의 정권 순치적 경향이 더 강화되면 왕년의 수신료 거부운동이 일어나지 말라는 법도 없다.

_ 한국 미디어는 레드오션

이렇듯 미디어계는 레드오션 상황이다. 신문사와 대기업이 종편 PP, 보도전문 채널 그리고 지상파까지 진출할 경우 성패를 장담할 수 없다. 이들이 컨소시엄으로 간다 해도 인력과 콘텐츠의 확보, 채널 인지도 축적 등을 위한 초기 투자의 부담이 만만치 않다. 최근의 경제상황은 투자분 회수까지 수년간을 감내할 상당한 체력을 요구하고 있다. 물론 경제논리가 아닌 정치적 판단으로 이만한 정도(?)의 손실을 무시하기로 한다면 논의는 달라질 수 있다.

정부여당의 미디어법안대로 진행되면 공룡들이 통제되지 않은 가운데 발호하는 '쥬라기 공원'이 될 수 있다는 예감이 든다. 그런 점에서 '쥬라기 공원'이 있던 섬의 이름이 '안개섬'인 것은 매우 시사적이다. 미디어 상황 또한 안개와 같은 불투명·불예측으로 가는 것일지도 모르는 일이다. '쥬라기 공원'의 공룡들은 안개를 헤치고 인간의 통제에서 벗어나 아귀다툼을 벌이다 마침내 인간을 공격하기에 이르렀다.

난개발 상황의 한국 미디어들 역시 약육강식, 이전투구를 벌이고 선정성과 폭력성에 의존하는 콘텐츠로 생존을 도모하게 될지 모른다. 그들에게는 살아남는 것보다 더 소중한 가치는 없다. 도처에 상업주의가 횡행하고 마침내 폭로저널리즘으로 승부를 걸 수도 있다. 폭로와 공격의 대상에 대문을 열어주고 멍석을 깔아준 정부여당이 예외가 된다는 보장은 없다. 사냥개는 먹이가 떨어지면 주인을 물기 때문이다.

물론 주인이라고 가만히 있지는 않을 것이다. 토사구팽兎死狗烹이라는 말이 있듯 사냥이 끝나면 사냥개를 처리하면 된다. 하지만 그때쯤이면 정권도 말기로 치닫고 있을 시점이다. 이번 미디어법안이 통과된다면 새로 등장할 미디어는 필경 자본과 정보를 다 가진 막강한 '경언복합체'가 될 것이다. 이들은 다음 권력자의 향배를 저울질하면서 언제라도 역공을 취할 시기를 노릴 것이다. 〈쥬라기 공원〉의 벨로시렙터처럼.

〈쥬라기 공원〉에서 공원의 관리 프로그램에 약간이라도 허점이 비치면 시스템은 도전받고 급기야 붕괴된다. 지금 추진하는 미디어법안도 종당에는 기획자의 시뮬레이션을 넘어서는 상황으로 번질지 누구도 알 수 없다. 그렇다면 〈쥬라기 공원〉에서 존 해몬드가 당했던 바는 결코 영화 속의 일로 끝나지 않는다. 인간의 오만과 욕심이 참담한 대가를 지불하는 것은 자연과 역사의 변함없는 섭리이기 때문이다. 그래서 묻고 싶다. 정부여당은 그 모든 결과에 책임질 수 있는가. 정말 자신이 있는가.

(2009)

'홉슨의 선택'과 MBC 민영화

'홉슨의 선택Hobson's choice'이라는 영어 숙어가 있다. 이 말의 유래를 알기 위해서는 위키피디아를 뒤져 16~17세기 영국 캠브리지까지 가야 한다. 홉슨의 풀 네임은 토머스 홉슨Thomas Hobson(1544?~1630)이다. 그는 캠브리지에서 마구간을 소유한, 말하자면 말 임대업자였다고 한다. 아마도 그는 장거리를 가는 손님들에게 말을 빌려주는 사업을 한 것으로 보인다. 그런데 그는 말을 렌트하려는 캠브리지대 학생 등의 고객들에게 아무 말이든 마음대로 선택하라고 했다.

하지만 홉슨의 속셈은 따로 있었다. 말의 속성상 마구간 구석에 있는 말을 억지로 끌고 나오기는 힘들다고 한다(정말 그런지는 잘 모르겠다). 유능한 말 임대업자 홉슨은 고객들이 자기가 아끼는 말들을 잘 간수하리라고 믿지 않았다. 그는 보유하고 있는 말들의 순환을 위해서 싱싱한 말은 안쪽으로 보내고 입구에는 마구간에 들어온 지 오래된 말, 상태가 시원찮은 말들을 두었다. 이를테면 '선입선출'의 원칙을 적용시킨 셈이다.

어떻게 되겠는가. 원하는 말을 자유롭게 골라가라고 했지만 고객으로서는 입구에서 가까운 말 순서대로 빌려갈 수밖에 없다. 시쳇말로 시작은 '니 맘대로 하세요'지만 나중은 '아니면 말고'라는 얘기다. 이후 '홉슨의 선택'은 주어진 것을 받거나 아니면 그만두거나take it or leave it를 뜻하는, 즉 사실상 선택의 여지가 없는 경우have no choice at all를 의미하는 말이 되었다. '빵이냐 밥이냐'의 선택이 아니라 '빵이냐 굶느냐'와 같은 경우가 전형적인 '홉슨의 선택'이다.

웬 난데없는 말타령이냐고? 방송악법 직권상정 저지 이후에 진행되는 국면이 문득 왕년에 배운 이 말을 생각나게 했기 때문이다. 정부여당의 태도는 토머스 홉슨과 거의 다름없다. 지상파에 신문사, 대기업의 참여를 허용하는 것은 세계적인 추세고, 17대 국회에서 충분히 논의되어 더 이상의 공론화는 불필요하니 묻지도 따지지도 말고 법안을 받거나 말거나 하라는 식이다. 그런데 여기서 '말거나'가 도대체 가능치 않으니 이것이 문제다. 나아가 MBC 민영화에 이르면 가히 홉슨이 되살아나더라도 울고 갈 지경이다.

주지하다시피 정부여당이 강력히 추진하고 있는 이른바 7대 미디어 악법은 신문사와 대기업에 종편 PP, 보도채널은 물론 지상파에 진출할 수 있도록 대문을 활짝 열어주려는 것이다. 지상파의 경우 20퍼센트 제한이라고는 하나 컨소시엄 방식으로 신문사 간의, 대기업 간의, 나아가 신문사와 대기업 간의 합종연횡으로 얼마든지 지상파를 지배할 수 있다. 또 신문사와 대기업이 종편 PP에 진출하는 것만으로도 기존의 방송 미디어 분야에는 큰 타격이 올 것이다. 종편 PP만으로도 효과는 사실상 지상파와 다를 바 없기 때문이다.

방송시장의 재원이 한계에 부닥친 상황에서 '플레이어'를 난개발하는 정책의 위험성은 케이블, 위성 방송, DMB, IPTV 등 새로운 미디어가 등장할 때마다 드러났고 또 나타나고 있다. 하지만 정부여당은 일자리 2만 6000개 창출과 글로벌 미디어기업이라는 검증되지 않은 수사만을 늘어놓으면서 밀어붙이고 있다. 같은 말을 자꾸 반복하다보면 언어의 주술적 기능에 사로잡혀 정말 그렇게 믿게 된다는데 그런 모양이다.

학계의 전문가들이 법을 바꾼다고 일자리가 쏟아지지 않고, 언어적 기반이 취약한 한국어 뉴스콘텐츠로 세계시장에 진출하는 것은 한계가 있다고 지적하는 것은 이들의 귀에 전혀 들어오지 않는다. 국민의 60퍼센트 이상이 이 법안에 반대하는 것도 신경 쓰지 않는다. 그들이 언필칭 말하는 신성장 동력의 명분 이면에는 기존매체 판도의 와해, 정권창출 기여세력에 대한 논공행상과 향후 우호적인 정권기반을 조성하려는 정치적 목적이 있다고 본다. 핵심은 경제가 아니고 정치인 것이다.

그런데 이 7대 미디어법안으로 부족하다고 생각했는지 정부여당은 미디어법안과 함께 공영방송법을 추진하는 것으로 알려져 있다. 이에 따르면 공영방송의 경우 광고수입이 전체 재원의

20퍼센트를 넘지 못하도록 하고, 나머지 80퍼센트는 수신료로 운영하도록 한다는 것이다. 이는 그동안 답보상태에 있던 수신료의 현실화를 전제로 하고 있다. 사장 교체 이후 KBS의 정체성과 행보에 대한 불신과 의혹이 점증하는 상황에서 시청자들로부터 수신료 인상을 뜻대로 이루어낼지는 두고 볼 일이지만 이렇게 되면 문제는 MBC다.

그동안 MBC는 공영방송이면서도 국민에게 수신료 등의 부담을 주지 않고 광고를 재원으로 자력갱생을 해왔다. MBC는 드라마왕국으로서 한류콘텐츠의 진원지이며, 공익적이고 실험적인 예능프로그램으로 시청자의 사랑을 받고 있다. 명품다큐멘터리 〈북극의 눈물〉은 MBC의 저력을 보여준 것이다. 이전 정권에서는 한미 FTA를 비판하고 황우석 박사의 의혹에 문제를 제기하였으며, 현 정권 들어서는 미국 쇠고기 졸속협상을 지적하고 미네르바 구속으로 인한 표현의 자유를 우려하는 등 권력에 대한 비판기능을 잃지 않았다.

그런데 MB정권은 이런 MBC가 마음에 들지 않는 모양이다. 지난 대선 국면에서 BBK 의혹을 제기해서인지 또 〈PD수첩〉 광우병 보도로 촛불의 도화선이 되어서인지 MBC의 존립과 정체성에 심대한 위기를 조장하고 있다. 한나라당 미디어 악법의 표적은 한마디로 MBC다. 지상파와 종편 PP에 신문사와 대기업의 진출을 허용하고 공영방송법까지 만들어 MBC를 압박하고 있다. 그리고 MBC로 하여금 이제 공영이든 민영이든 스스로 선택하라고 한다. 알아서 자유롭게 선택하라는데 실상 선택의 여지는 별로 없다. 바로 이 글의 들머리에서 나온 '홉슨의 선택' 방식이 아니던가.

최근 정부여당 관계자들의 말들이 모두 그러하다. 정병국 한나라당 미디어특위 위원장은 "정부여당은 MBC나 KBS2를 민영화한다는 생각이 전혀 없다"고 강조했다. MBC의 길은 스스로 선택할 문제라는 것이다. 그리고 "미디어법안, 공영방송법은 MBC 민영화와 관련이 없다"는 주장을 반복하고 있다. 보수신문의 사주들이 다투어 방송 진출을 기정사실화하고 있고, 전경련 등 경제5단체가 미디어법안의 조속한 처리를 촉구하고 있는데 말이다. 기존 채널이 아닌 새로운 지상파 채널의 등장은 주파수 사정상 기술적으로 불가능에 가깝고 경영상으로도 맞지 않다. 그렇다면 이들 신문사, 대기업이 취할 다음 수순은 명백하다.

지난해 연말 방송문화진흥위원회 20주년 기념식장에 와서 "MBC의 정명正名은 무엇인가"라고 힐난했던 최시중 방송통신위원장은 국회에서 다시 "MBC가 민영방송이 될지, 공영방송이 될지는 자체 결정할 문제"라고 말했다. 그는 MBC가 지난 20여 년 동안 방송문화진흥위원회법에 의해 공영방송으로 규정되어 '국민의 공영방송'으로 영위되고 있는 바를 도대체 받아들이려 하지 않고 있다. 더 이상 MBC가 무슨 선택을 하기를 바라는가. 최 위원장은 이미 "민영방송이 더 다루기 쉽다"는 속내를 드러낸 바 있다.

이어서 한승수 총리까지 나섰다. 한 총리는 최근 KBS의 한 프로그램에 출연, "미디어 통합·융합이 세계적 추세인 만큼 우리도 칸막이를 없애 방송산업의 경쟁력을 키워야 한다"고 전제한 뒤 "이 칸막이를 푸는 데 방송인들이 앞장섰으면 좋겠다"고 발언했다. 한 총리는 또 "KBS2와 MBC를 민영화하지 않느냐는 얘기도 나오지만 정부로서는 그런 의도가 추호도 없다"고 말했다.

이처럼 정부여당 관계자들은 한결같이 민영화를 부인하며 MBC의 자유로운 선택을 강조하고 있지만 이는 도회술韜晦術로 여겨질 뿐이다. 미디어법, 공영방송법 등 모든 조건이 정부여당의 의도대로 진행된다면 MBC에게는 선택의 여지가 없는 '홉슨의 선택'으로 가고 있는 것이다.

400년 전 그 영리한 홉슨이 마구간 사업에서 얼마나 돈을 벌었는지, 아끼는 말들과 함께 얼마나 잘 먹고 잘살았는지 역사는 말해주지 않는다. 그와 그의 말들은 가고 없고 그의 이름만 말로 남아 있다. 이제 '홉슨의 선택'이라는 말은 한국에서 '정병국의 선택'이나 '최시중의 선택'으로 바뀔 수도 있겠다. 하지만 아는 사람은 다 안다. 이것이 'MB의 선택'임을. 그렇다면 이를 늠연히 극복하는 'MBC의 선택'만이 남아 있다.

(2009)

자살률 1위와 '묻지마 살인'

한국이 OECD 국가 중 자살률이 1위라는 소식은 더 이상 뉴스가 아니다. 급격한 사회변화와 전통의 단절, 양극화와 빈부격차의 가속화, 배금주의와 생명경시 풍조, 약자에 대한 사회적 안전망의 취약함 등은 경쟁사회에서 소외되는 이들에게 자살을 강요하고 있다. 그 결과가 자살률 1위라는 불명예스런 수치로 나타났다.

지난 10월 초 국민들을 충격에 빠뜨린 연기자 최진실 씨의 사건에서 보듯 자살은 유명인이라고 예외가 아니다. '섭섭한' 세상에 좌절한 이들은 급기야 충동적인 선택을 하게 된다. 자살은 성별과 연령을 구분하지 않고 상처받고 신음하는 이들을 유혹한다. 우리 사회에는 이들의 절망을 치유할 만한 대책이나 노력이 없어보인다.

절망에 빠진 이들이 자살을 선택하는 반면, 어떤 사람들은 사회에 대해 극도의 적개심을 드러내는 선택을 한다. 바로 '묻지마 살인'이다. 최근 자기가 살던 고시원에 방화를 해 중국동포를 포함해 6명을 죽게 한 사건이 발생했다. 이 사건의 용의자인 정모 씨는 경찰조사에서 "세상이 나를 무시한다. 살기가 싫다"라고 진술한 것으로 알려졌다.

경쟁사회에서의 낙오로 인한 좌절감을 불특정 다수에 대한 증오로 불태우는 것은 매우 심각한 사회적 병리현상이다. 2003년 대구에서는 지병으로 인한 울분으로 지하철에 방화를 해 무고한 192명의 시민이 목숨을 잃었고, 올 초에는 토지보상문제에 대한 불만으로 방화를 해 국보 1호 숭례문이 잿더미가 되었다. 참담한 일이다.

자살과 '묻지마 살인'은 사회에 대한 좌절과 분노라는 점에서 본질적으로 동일하다. 다만 사람에 따라서 어떤 이는 자학自虐으로 다른 이는 가학加虐으로 나타날 뿐이다. 정신분석학에서는 본능적인 욕망을 참지 못하고 반사회적인 행동을 하여 자신을 파멸에 빠뜨리는 것은 이드id의 위력이고, 자신이 행한 행동을 부끄러워한 나머지 자살이라는 극단적인 선택을 하는 것은 초자아superego의 힘이라고 설명하는 모양이다. 하지만 이는 어느 쪽이든 자아의 적절한 통제를 받지 못함을 의미한다.

자살도 그렇고 '묻지마 살인'도 그렇고 이런 사건들은 썩고 곪아가는 우리 사회를 보여주는 징후다. 그러나 약자에 대한 배려와 톨레랑스의 부재를 근본적으로 반성하는 모습은 보이지 않는다. 문제는 우리 방송에게는 책임이 없는가 하는 것이다. 사회적·정서적 안정망의 역할을 방송은 마땅히 해야 한다. 상처받은 이들의 아픔을 어루만지고 제도의 모순을 개선하려는 방송의 성찰과 노력이 절실히 요구된다. 자살률 1위와 '묻지마 살인'의 책임에서 방송은 자유롭지 않다.

(2008)

멜라민 파문과 언론

　　　　　　　　　'멜라민 분유'충격이 채 가
시기도 전에 이번에는 '멜라민 달걀' 파문이 중국에서 확산되고
있다. 태초에 원인 없이 결과 없다. 달걀에 공업용 화학성분인 멜
라민이 나오는 것은 사료업체들이 제조과정에서 단백질 성분을
높일 목적으로 이를 첨가했기 때문이다. 중국의 한 언론은 "동물
사료 제조과정에서 멜라민 찌꺼기를 단백질정으로 둔갑시켜 첨
가하는 것은 업계의 관행"이라고 뒤늦게 전했다.

　주목할 일은 중국 당국이 지난 7월에 사료 품질검사에서 멜라
민 함유 사례를 다수 적발했다는 것이다. 이후 당국이 멜라민 성
분이 포함된 식품에 대한 위험성을 알리고 폐기 등 적절한 통제
를 했다는 얘기는 없었다. 그랬다가는 큰 혼란이 일어났을 것이
다. 그 시점은 베이징 올림픽이 열리기 직전이다. 올림픽 성공 개
최에 국가적 명운을 건 중국 당국이 올림픽을 앞두고 멜라민 사

건을 공론화하기는 어려웠을 것이다. 국가 차원의 은폐 의혹이
제기될 만하다.

공연한 음모론이 아니다. 유사한 사례가 있다. 2002년 하반기
중국 남방지역에서 나중에 사스SARS로 명명되는 소위 '괴질'이
발병하기 시작했다. 당시 중국 언론은 이를 제대로 보도하지 않
았다. 그러던 중 2002년 12월 3일 모나코에서 2010년 국제박람회
개최도시를 결정하는 제132차 세계박람회기구BIE 총회가 열렸
다. 여기서 중국 상하이는 치열한 경쟁 끝에 경합지인 여수와 모
스크바를 결선투표까지 가는 접전 끝에 물리치고 국제박람회 개
최지로 선정되었다. 중국에서 사스가 공론화된 것은 그 이후다.
이를 우연의 일치라고 보기만은 어렵다고 생각한다.

멜라민 파동은 중국이 '더럽고 위험한 곳'이라는 이미지를 극
도로 강화시켰다. 중국이 올림픽을 열 번 스무 번 개최한다고 쉽
사리 달라지지 않을 심대한 타격을 중국에 주었다. 이번 사태로
진실을 보도하는 저널리즘과 진정한 국익에 대해 다시 생각하게
된다. 중국의 언론이 제 기능을 했다면 사태는 달라졌다. 새삼 진
실이 곧 국익이라는 점을 확인한다. 그것은 황우석 박사 사건 때
나 광우병 파문 때나 언제나 예외가 없었다. 언론이 권력에 굴복
하거나 영합하면 후과後果는 나중에 더 큰 시련으로 되돌아온다.
어찌 중국뿐이겠는가. 일탈된 정파성이 횡행하는 한국의 언론상
황을 보면 우울하다. 한국에는 이 같은 일이 일어나지 않았다고
또 앞으로 벌어지지 않을 것이라고 누가 장담할 수 있을 것인가.

(2008)

'지상파 독과점'은 허구다

목하 지상파 방송이 위기에 처해 있다. 이는 본고本稿의 대전제다. 그런데 여기에 동의하지 않는 분도 있을 것이다. "무슨 소리냐. 지상파 방송은 아직도 배부르고 살만하다. 지난 연말에 보니 연기대상하면서 공동대상을 남발하며 두루두루 상도 많이 챙겨주고 방송만 잘 나가더라." 이렇게 되면 이후부터의 논의가 대단히 어려워진다. 그래도 포기할 수는 없다. 지상파 방송 위기가 사실인 한 목마른 자가 우물을 파야 한다.

_ 1956~1969년 방송의 맹아기

우리 방송의 역사는 1927년 JODK까지 거슬러 올라갈 수 있으나 이때는 라디오 방송이었다. 본고에서 방송 또는 지상파 방송이라고 할 때 이는 텔레비전 방송을 전제하고 있다. 한국의 TV 방송은 1956년 등장한 HLKZ TV, 즉 KORCAD가 효시다. 이로써 한국은 세계에서 17번째로 TV 방송을 시작한 나라가 되었으나 단명으로 끝났다. 본격적인 TV 방송의 시작은 1961년 개국한 국영 KBS-TV부터다. 1964년에 TBC-TV 동양방송이 개국하고, 1969년에는 MBC-TV 문화방송이 개국해 3사 정립鼎立 시대가 열렸다. 바야흐로 영상시대의 개막이다.

초창기 TV는 말할 것도 없이 흑백 방송이었다. 지금에 비해 콘텐츠도 빈약했으며 언론으로서의 신뢰도와 영향력도 미약했다. 박정희 식 경제 개발의 후과가 본격적으로 나타나기 전까지는 텔레비전 수상기도 많이 보급되지 않았다. 이때까지 미디어의 주류는 신문이었다. 방송은 후발매체로서 신문의 무시와 폄하를 받으며 2류 매체로 자리매김되어 있었다. 1956년에서 TV 3사 시대가 열린 1969년까지를 '방송의 맹아기' 정도라고 할 수 있을 것이다.

방송이 맹아기에 있을 때 신문들은 박정희 정권의 당근을 받고 있었다. 저금리에 따른 대출 특혜, 파격적인 신문용지 수입관세 인하, 대일청구권 자금 중 현금 상업차관으로 호텔 짓기 등이 모두 이 시기에 일어난 일이다. 1960년대 한국의 경제성장률이 연평균 8~10퍼센트일 때 신문기업의 성장률은 20퍼센트에 이르렀다(송건호 외, 《한국언론 바로보기 100년》, 300~305쪽). 이는 평균치니 당시 잘 나가는 일간지들은 더했을 것이다.

_ 1969~1980년 방송의 진흥기

1969년 3사 정립체제 이후로 채널이 다양해졌고 TBC와 MBC가 벌이는 치열한 시청률 경쟁으로 조금씩 방송이 시청자들의 관심을 얻게 되었다. 1969년 7월 16일 아폴로 11호의 인간 달착륙 장면 생중계는 세계적으로 TV의 위력을 부각시킨 문명사적 계기로 꼽힌다. 이후 1970년 멕시코 월드컵이 축구 붐과 함께 TV의 보급과 확산을 가져다주었다.

1970년대에 들어 텔레비전은 번영과 문명화를 의미하는 '문화적 상징물'로 발돋움하기에 이르렀다(강준만,《한국대중매체사》, 467쪽). 1970년 TBC의 〈아씨〉, 1972년 KBS의 〈여로〉 등 불후의 드라마들이 방송된 것도 이 시기의 일이다. TV는 안방극장의 총아가 되었고 텔레비전키드들이 자라나기 시작했다. 베이비붐 세대(1955~1963년 태생)는 자기 집에 텔레비전이 들어온 날을 생일보다 기쁜 날로 꼽았다는 얘기가 있을 정도다.

1969년 이후 전두환 정권에 의해 언론통폐합과 컬러TV 방송이 단행되는 1980년까지를 '방송의 진흥기' 정도로 부를 수 있을 것이다. 1971년 MBC는 3억 원이던 자본금을 10억 원으로 증자하고 본사 주식의 70퍼센트를 7개 재벌에 분양(할당)했다. 지방사 역시 민간에 분양했다. 1973년 3월 3일에는 KBS가 정부 주도 아래 한국방송공사로 개편되었다. 이렇듯 제도적으로 방송은 권력의 손아귀에 들어 있었고, 언론매체로서의 위상은 미약했다.

그러나 '재미있는 볼거리'를 가진 방송의 성장세는 대단했다. 1976년의 경우 TV 광고비는 304억 원, 신문은 316억 원으로 호각세를 보였다. 그러자 이에 위협을 느낀 신문들의 반격이 시작되었다. 이때 신문들은 '텔레비전 광고 공해' '광란의 광고 홍수를 막아라' 등의 사설과 기사를 통해 방송을 공격했다. 신문은 권력에 훨씬 가까이 있었고 솔직히 인적 구성 등 맨파워에 있어서도 이때는 방송을 능가했다고 봐야 할 것이다. 그래서인지 그 직후 법정 TV 광고시간이 줄고 방송광고 심의가 강화되었다.

_ 1980~1987년 방송의 성장 및 방송과 신문의 각축기

1980년 11월 신군부는 언론통폐합을 단행했다. KBS는 TBC, DBS 등을 흡수·통합했다. MBC의 경우 5.16장학회가 가지고 있던 본사 주식 30퍼센트를 제외한 민간주는 주주들이 국가에 '헌납'했고, 지방의 제휴사 21개사의 주식 51퍼센트를 인수하여 그들을 계열사화했다(강준만, 같은 책, 547쪽). 한국 방송계에 공영방송 체제가 엄습했다. 그해 12월 전격 실시된 컬러TV 방송은 수상기의 대대적인 보급을 가져왔다. 정통성이 취약한 정권은 방송을 키워 선전홍보의 전위로 활용했다. 방송도 권력의 비호庇護에 편승해 세를 부풀렸다. 86아시안게임과 88서울올림픽은 절호의 기회였을 것이다.

그러나 오랜 기간 미디어의 주도권은 신문에 있었다. 역사와 전통, 영향력과 신뢰도, 광고주의 매체선호도에서도 부인할 수 없이 신문이 우위에 있었다. 방송은 물리적 힘의 측면에서는 신문에 필적했으나 질적으로는 아직 신문의 상대가 못 되었다. 권력의 지근거리에 있는 방송에 비해 신문은 권력에 대한 비판기능을 어느 정도는 유지하고 있었다. 방송은 '땡전 뉴스' 시비에서 자유롭지 못했고 이른바 보도지침에는 신문보다 더 순응적이었다.

그러나 신문도 만만치 않았다. 언론통폐합 후 언론기본법 체제 아래에서 기존 신문들은 기득권을 누렸고, 지면 증면은 광고 수입 확대로 이어졌다. 윤전기 도입에 엄청난 관세 특혜가 주어졌고, 신문사에 대한 각종 사업다각화가 허용되었다. 언론자유는 질식 상황에 처해 있었지만 언론사는 산업적으로 번영을 누렸다(강준만, 같은 책, 555~556쪽). 정권이 내린 당근의 효과지만 신문이 취한 기회주의적 처신의 결과로 볼 수도 있을 것이다. 1980년에서 1987년까지를 필자는 '방송의 성장 및 방송과 신문의 각축기'라고 부르고 싶다.

_ 1987~1995년 방송의 발흥기

1987년부터 케이블 방송이 시작되는 1995년까지를 한 번 더 구획할 수 있다. 1987년 6월 항쟁으로 6.29선언이 나왔고 우리 사회는 민주화의 국면에 접어들었다. 그 이후 악명 높은 언론기본법이 폐지되고 이를 대체하여 1987년 11월, 정기간행물법과 방송법이 제정되었다. 1988년 이후 《한겨레》《세계일보》《국민일보》등 새로운 신문이 대거 창간되었다. 이로써 신문의 환경이 급격히 변했다. 대대적인 증면 경쟁, CTS 도입 등이 앞다투어 진행되었다. 신문업계는 이때의 매체과잉과 과당경쟁이 무리한 경영으로 이어져 장차 위기를 맞이한다.

방송계에는 민주화의 바람이 불면서 PD연합회 등 직능단체가 출범하였고 MBC, KBS에 속속 노동조합이 결성되었다. 이후 공영방송의 위상과 내부 조직문화에 현저한 변화가 왔다. MBC 노조의 투쟁의 결과로 방송문화진흥회법이 제정되어 1988년 MBC

대주주로 방송문화진흥회가 등장한 것이 대표적이다. 1990년 KBS의 4월 투쟁, 1992년 MBC의 50일 파업 투쟁 등 희생과 시련이 없지 않았으나 방송 현장에서 용솟음치는 거센 흐름은 막을 수 없었다.

당연히 그런 변화는 프로그램에서 질적으로도 나타났다. 방송이 권력에 순치되었던 이전에 비해 뉴스와 시사 프로그램 등 방송저널리즘이 확장되었고 콘텐츠도 풍성해졌다. 권력으로부터의 독립성이 완전하지는 않았지만 공정방송을 추구하는 사내 세력이 조직력을 갖추었다. 이를 토대로 방송은 언론으로서 점차 신문의 지위를 위협하기 시작했다. 방송이 신문에 대해서 물량뿐 아니라 신뢰도와 영향력을 놓고도 경쟁이 가능해진 것이다. 이 시기를 정녕 '방송의 발흥기'라고 부를 만하다.

_ 1980~1995년 방송 독존기

그런데 한편으로 필자는 1980년에서 1995년까지의 각축기와 발흥기의 시기를 묶어 '(지상파) 방송 독존기'라고 명명하고자 한다. 왜 '독과점'이 아니고 '독존'인가. 1995년 종합유선 방송, 즉 케이블 방송이 있기 전까지 우리가 알고 있는 방송으로는 지상파가 유일했다. 기술의 발달과 경제기반의 확장이 새로운 미디어를 채택하는 계기로 작용해왔다고 할 때 1995년까지 우리 사회에는 지상파 외의 다른 매체가 가능하지도 않았고 또 굳이 필요하지도 않았다. 수용자 입장에서 보자면 1995년 전까지 텔레비전은 곧 지상파였다. 그동안 채널 수는 SBS의 개국으로 3개에서 4개로 늘어났다. 당시 공보처가 민방 SBS를 허용할 때 내세운 명분이 '기존 방송의 독과점 해소'였다.

국어사전에 따르면 '독과점'은 독점과 과점을 아울러 이르는 말이다. '독점'은 경제에서 '개인이나 하나의 단체가 다른 경쟁자를 배제하고 생산과 시장을 지배하여 이익을 독차지함. 또는 그런 경제 현상'을, '과점'은 '몇몇 기업이 어떤 상품시장의 대부분을 지배하는 상태'를 일컫는 말이다. 독과점 업체는 공정거래위원회가 '시장지배적 사업자'로 지정하며 규제대상이다. 독과점은 주로 대기업의 횡포를 비판할 때 주로 사용하는 표현이다. 그런데 1995년까지는 테크놀로지와 정책적 선택의 문제로 지상파밖에 존재할 수 없었다.

즉 '독점獨占'이 아니라 '독존獨存'이었을 뿐이다. 당시의 방송이 고의로 다른 방송사업자의 진입을 방해하거나 배제한 적은 없다. 현실적으로 지상파밖에 없었고, 기술적으로 가용 채널과 주파수가 제한되어 있었다. 그렇기 때문에 기존 방송사들에 대해 무슨 악덕기업으로서 반사회적인 횡포를 부린 것처럼 독과점이라는 표현을 쓰는 것은 적절하지 않다는 것이 필자의 주장이다. 분명히 말하지만 한국 방송사에 지상파의 '독존 시대'는 있어도 '독과점 시대'는 없었다. 그 '독존 시대'도 케이블이 출범한 1995년 이후에는 이론상으로 성립하지 않는다.

오히려 이때 신문들의 방송에 대한 공세는 집요했고 혹독했다. 1994년 방송사들이 정부와의 협의 아래 방송광고 시간을 늘리겠다고 했더니 도하 신문들이 사설과 기사를 통해 융단폭격을 한 것이다. 이에 방송계에서는 MBC가 나서서 신문들에게 반격을 가했다. 당시 신문들은 48면까지 발행하는 등 엄청난 지면증면을 했는데 내용과 질의 개선보다는 광고지면만 늘리는 꼴이었다. 1994년 한때 지면의 광고비율이 60퍼센트를 초과한 적도 있다(강준만, 같은 책, 621~622쪽). 총대를 멘 MBC가 신문으로부터 어떤 보복을 받았는지는 굳이 여기 적시하고 싶지 않다.

_ 1995~2002년 케이블의 등장, 지상파의 신문 추월과
마지막 광휘 그리고 미디어 재편기

YS정권 출범 후인 1995년 케이블 시대가 열렸다. 다매체 다채널 시대가 도래한 것이다. 이후부터 방송은 지상파·케이블·위성 방송 등으로 플랫폼이 다양화되었다. 따라서 이들을 두고 그냥 '방송'이라고만 하면 부적절하다. '지상파 방송' '케이블 방송' 등 일일이 매체를 구분해 불러야 한다. 케이블은 초기에 1만 5000원에 달하는 시청료, 빈약한 콘텐츠 등으로 연착륙하지 못했다. 1998년까지 4년간의 누적적자가 1조 원이 넘는 것으로 알려졌다. 그러나 지상파 콘텐츠를 무료로 재송신하면서 난시청 지역을 필두로 케이블 가입이 늘어나기 시작했다.

이것이 장차 트로이의 목마가 되어 부메랑으로 돌아올 줄 예측하지 못한 지상파의 안일함과 오만함은 준열한 비판을 받아 마땅하다. 게다가 수신환경 개선의 책임과 노력을 케이블에 전가한 공영방송의 고식적姑息的인 정책도 반드시 지적받아야 한다. 어떻든 케이블은 저가정책으로 마케팅 방법을 바꾸고 중간광고라는 전가의 보도로 방송광고시장에서 약진하기 시작했다. 통계에 따르면 2001년 케이블 방송의 매출액은 1652억 원으로 전체 광고 시장의 3.1퍼센트를 차지했다. 그리고 이듬해에는 2000억 원을 돌파해 2345억 원이었다. 이는 전체 광고시장의 3.6퍼센트에 달하는 수치다(제일기획의《광고연감》. 이후 통계자료는 이에 근거함).

한편 이 시기에 지상파 방송은 신문을 앞지르기 시작했다. 우선 질적인 측면에서 매체신뢰도가 신문에 앞섰다. 대선 직후인 1998년, 한국언론재단의 수용자 의식조사 결과가 이를 입증한다. 대선과정에서 일부 유력 신문들이 보인 이른바 '대통령 만들기'에 대해 수용자들이 준엄한 판단을 내린 것이다. 방송과 신문의 신뢰도 격차는 이때 뒤집힌 이후 점점 더 심화되었다.

지상파 방송의 광고매출 총량도 신문을 앞지르기 시작했다. 2001년에는 지상파 방송이 1조 9537억 원으로 전체 구성비의 36.1퍼센트, 신문이 1조 7500억 원으로 전체 구성비 32.3퍼센트를 차지했다. 밀레니엄 이벤트가 많았던 2000년보다 광고 총량의 액면은 줄었지만 순위가 뒤바뀐 것이다. 그리고 한일월드컵과 부산 아시안게임이 있던 2002년에 지상파 방송의 광고매출액은 2조 4394억 원으로 최고치를 기록했다(구성비 37.7퍼센트). 같은 해 신문의 광고매출액은 2조 200억 원에 불과했다(구성비 31.2퍼센트). 현재까지 이 수치가 지상파 방송광고의 최고 기록이다.

이 시기를 '케이블의 등장, 지상파의 신문 추월과 마지막 광휘 光輝 그리고 미디어 재편기'라고 명명할 수 있을 것이다. 한마디로 각종 미디어들 간의 각개약진이 치열하게 어우러져 조정국면

이 진행된 시기였다. 그리고 시간이 지나면서 지상파는 올드미디어의 자리로 밀려났다. 매체 포지셔닝이 뉴미디어, 올드미디어, 베리올드미디어로 재편된 것이다.

_ 2002~2007년 케이블의 발호, 지상파의 사양

2002년 지상파 광고는 정점을 찍었다. 그리고 변곡점을 지나 이후로는 내리막길을 걸었다. 연간 1000억 원 상당의 광고물량이 지상파로부터 이탈하기 시작했다. 빠져나간 대부분의 광고는 케이블 등 뉴미디어로 이동했다. 바야흐로 지상파의 사양기가 온 것이다. 동시에 케이블의 발호기다. 방송 분야만 놓고 매출액을 따졌을 때 지상파가 차지하는 비중도 현저히 감소했다. 반면 케이블 방송은 1995년 12퍼센트에서 2000년 16퍼센트, 2003년 21퍼센트 등으로 계속 늘어났다. 매출액의 연평균 증가율은 지상파가 5.6퍼센트인 데 반해 케이블은 18퍼센트, 종합유선은 무려 37퍼센트에 달했다.

매출뿐이 아니다. 시청점유율 측면에서도 지상파는 2001년 26퍼센트에서 2003년 이후 급락을 보여 2005년에는 20퍼센트 수준까지 떨어졌다. 같은 기간 케이블은 5퍼센트에서 11.5퍼센트로 수직상승했다. 시청률 조사회사인 AGB닐슨미디어리서치에 따르면 2002년 10월, 지상파 방송사의 시청점유율은 71.7퍼센트, 케이블방송사는 27.2퍼센트였다. 그러나 5년 뒤 2007년 10월에는 상황이 급변한다. 지상파 방송이 56.5퍼센트, 케이블 방송이 43.5퍼센트로 격차가 현저히 줄어든 것이다. 이 모든 수치가 보여주는 그대로 지상파 방송은 의심할 여지없이 완전히 사양산업이 되었다. 2002년의 광휘는 일몰 직전 마지막으로 서쪽 하늘을 농염히 불태우고 사라지는 그것이었더란 말인가. 이래도 지상파 독과점이라고 계속 말할 것인가.

2004년은 지상파와 케이블의 균형조차 무너지는 기념비적인 해로 기록될 만하다. 방송위원회가 해마다 발간하는 〈방송산업실태조사보고서〉 2005년판에 따르면 전체 방송서비스 매출액 가운데 케이블TV가 차지하는 비중이 처음으로 50퍼센트를 넘어선 것으로 나타났다. 2004년 전체 방송서비스 매출액 가운데 지상파 방송(TV·라디오)의 매출액은 45.6퍼센트를 차지한 데 반해 케이블TV는 종합유선, 중계유선, 방송채널사용사업을 포함해 51퍼센트였다. 이를 매출액 기준으로 보면, 케이블TV 업계는 3조 9729억 원으로 전년(2003년 매출액 3조 4388억 원)에 비해 10퍼센트가량 증가했다(PD연합회, 〈한국PD연합회 20년사〉, 제5장 견인기).

김재영 충남대 교수는 2006년 한국언론학회 봄철 정기학술대회에서 발표한 논문 〈다매체 다채널 시대, 지상파 방송 규제의 재점검〉에서 '지상파 독과점'은 실재하지 않는 현상으로, 지상파가 매체 균형발전을 저해한다는 인과적 관계를 입증하기 어렵다고 논증했다. 그에 따르면 경제적·산업적 지표에 비추어볼 때, 우리나라의 지상파 방송은 공정거래위원회의 시장지배적 사업자 판단기준인 75퍼센트에 미치지 못할 뿐더러 '시장지배적 사업자'에 해당된 경우는 단 한 번도 없었다고 한다. 또 매체경제학적 측면에서 봐도 지상파 방송의 독과점적 지위는 경제적·수용자·사회문화적 차원 모두에 걸쳐 실재하는 현상이라고 보기 어려우며, 따라서 과대평가된 표현이라고 할 수 있다는 것이다. 다만 지상파 방송사업은 고유의 속성으로 인해 진출입 자체가 자유롭지 않으며, 네트워크 산업으로서 '자연독점'적 측면을 지니고 있다고 지적했다. 이에 김재영 교수는 '독과점'이라는 말 대신 '시장우월적 지위'라는 표현을 채택하고 있다(김재영, 〈다매체 다채널 시대, 지상파 방송 규제의 재점검〉, 12~18쪽).

2007년의 경우 아직 공식 집계가 나오지는 않았지만 전년에 비해 지상파 방송의 시청률은 다소 회복된 것으로 보인다. 그러나 방송 3사의 광고매출은 역시 전년대비 700억 원 내외가 빠져나갔다. 2007년 〈주몽〉 〈대조영〉 〈태왕사신기〉 〈이산〉 〈내 남자의 여자〉 〈쩐의 전쟁〉 등 화제작이 풍성했음에도 불구하고 방송사 간의 약간의 차이만 있을 뿐 광고의 하향추세를 뒤집지는 못했다. 지상파 방송의 프로그램 콘텐츠에 경쟁력이 없어 광고마케팅을 잘 못하는 것이 아니라 구조적으로 문제가 있기 때문이다.

매체 수용방식과 시청 형태의 변화는 지상파 방송의 위상과 생존조건에 심대한 영향을 미치고 있다. 지상파 방송의 직접 수신은 2000년 72퍼센트에서 2004년 17.1퍼센트로 떨어졌다. 케이블 방송은 2000년 16퍼센트에서 2004년 73.4퍼센트, 2007년 추계로는 80퍼센트 이상이다. 단시일 내에 지상파와 케이블의 지위가 역전된 것이다. 2007년 현재 추산으로 전국 1800만 가구 중 1400만 가구가 케이블에 가입해 있고, 200만 가구 내외는 스카이라이프에 가입해 있다고 한다. 국민의 대부분이 비지상파적인 방법으로 지상파 방송을 보고 있는 것이다. 플랫폼 기반이 상실된 것이다. 이는 곧 지상파 방송의 광고효율성 체계가 작동하지 않음을 의미한다.

결정적으로는 한정된 광고시장에 뉴미디어가 속속 등장하면서 이들의 수익모델이 서로 중첩되고 있다. 광고만이 모든 매체의 살길이다. 그런데 이는 과도한 시청률 경쟁과 상업주의로 가는 지름길이다. 지금은 제한된 재원인 광고를 놓고 모든 미디어가 치열한 경쟁을 벌이고 있다. 그러면서 방송위원회는 이른바 매체균형발전론으로 지상파 방송의 손발을 묶고 케이블 방송의 규제는 풀어주고 있다. 이것이 지상파 방송이 심대한 타격을 입은 결정적 요인이다.

_ 무엇이 문제인가

사정이 이럼에도 불구하고 지상파 방송의 위기론은 적어도 지상파 방송 외부의 사람들에게는 실체로 인정되지 않는 듯하다. 매일 보는 텔레비전의 프로그램들이 외견상 멀쩡히(?) 나오기 때문일까. 지상파 방송계에는 월급이 수년째 동결되거나 심지어 삭감되고, 프로그램 제작비가 감축되는 상황이 이미 나타나고 있다. 프로그램 생산기반이 흔들리고 드라마, 엔터테인먼트 프로그램의 경우 대형 기획사에게 주도권을 상실한 지 오래다. 그런데 이것으로는 지상파의 위기상황을 인식시키기에 모자라는 것 같다. 대규모 구조조정이 있거나 직원들이 몇 달째 월급을 못 받는다는 정도의 얘기가 나와야 하는 것일까(강준만은 《한국대중매체사》

'노무현 정권하의 대중매체'에서 '지상파 위기론'을 별도로 기술하고 있다).

방송 외부의 사람들은 지상파 방송이 속병이 든 실정은 애써 외면하거나 심지어 "그것 봐라, 쌤통이다"라고 말하면서 이 상황을 즐기고 있는 것은 아닐까. '지난날 당신들 방송은 독과점의 우월적 조건 속에서 잘 먹고 잘살았으니 이제 맛 좀 봐라'는 심리가 있다면 이는 적절하지 않다. 모두冒頭에서부터 다소 장황하게 우리 방송 역사에 독과점기가 없었다는 것을 논증한 이유도 이런 인식이 잘못되었다는 것을 설명하기 위함이다.

이 같은 급속한 미디어 환경 변화에도 정책권자나 당국은 종전의 '지상파 독존시대(독과점이 아니다)'의 기준으로 지상파 방송을 바라보고 있다. 그 결과 지상파에 대한 이른바 비대칭 규제가 계속되고 있다. 앞에서도 말했듯이 매체수용방식의 변화로 지상파는 이미 사실상 PP 중의 하나로 전락해 있다. 케이블 가입률이 80퍼센트 대를 육박하는 상황인데도 케이블이 유치산업幼稚産業일 당시의 각종 특혜가 그대로 온존되고 있다. 이른바 매체균형발전론은 비대칭 규제로 이어지고 이는 지상파에 대한 역차별로 돌아온다.

지상파 방송은 국민의 것이다. 위기상황을 이대로 두어서는 안 된다. 지상파가 무너지면 무료보편적 서비스와 방송의 공적 영역도 실종된다. 1956년 텔레비전 방송이 시작된 이래 지난 반세기 동안 방송은 권위주의 시대에 기복과 굴곡은 있었지만 스스로의 뼈저린 노력으로 국민 앞에 거듭났다. 우리 사회의 의제설정과 여론을 선도했으며 사회통합에 이바지했다. 독재정권 시대에는 이

산가족 찾기 마라톤 생방송을 했고, IMF 직후에는 금모으기 생방송과 2002년 한일월드컵 방송으로 통합적 역량을 보였다.

〈사랑이 뭐길래〉 이후 〈겨울연가〉〈대장금〉〈올인〉 등의 한류 콘텐츠로 국가 이미지를 제고하고 문화산업의 경쟁력을 강화한 것은 특기할 일이다. 국내에서의 치열한 경쟁 와중에도 우리 방송이 세계무대에서 통하는 콘텐츠를 만들어내고 있었던 것이다. 그리고 지상파 방송의 역량은 케이블, 위성 방송, DMB 등 새로운 미디어 출범과정에서 기술적으로, 콘텐츠 기반으로 결정적인 기여를 했다(졸고 〈방송 80년 지상파를 변명함-그래도 지상파밖에 없다〉).

가입비와 시청료를 내야 하는 유료매체에 비해 지상파는 소외계층에게 정보와 문화의 기회를 주는 무료매체다. 우리 사회는 역사적으로 현실적으로 언론정보기능과 문화향수기능을 지상파 방송에 의지해왔다. 또 여전히 지상파 방송을 필요로 하고 있다. 이러한 지상파 방송의 공공서비스를 유지하기 위해서는 특단의 대책이 필요하다. 지상파 방송의 상황을 이대로 방치하면 훗날 사가史家는 지금을 '지상파 사양기'를 지나 '지상파 역차별기'나 '지상파·케이블 억지균형 유도기' 또는 '지상파 붕괴 전조기'라고 평가할지도 모를 일이다. 요컨대 지상파는 임계점에 와 있다.

지상파에 대한 책임감을 강조하는 것은 좋다. 지상파 방송사의 현장 방송인들은 얼마든지 그 책임을 인식하고 실천할 의지로 충만해 있다. 부당한 매도나 근거 없는 때리기는 적절하지 않다. 위에서 살펴본 것처럼 역사적으로나 현상적으로나 '지상파 독과점'은 실재하지 않았고 지금도 없다. 굳이 양보하면 뉴미디어가 출현하기 전에 일시적으로 '지상파 독존獨存' 혹은 '자연독점'의 시기가 있었다고 할 수는 있지만 다른 미디어의 진입을 지상파 방송이 방해하고 가로막으며 지위를 남용한 적은 추호도 없다.

작금 곧 등장할 새 정부가 방통융합과 규제완화를 말하고 있다. 또 교차 소유와 겸영을 이야기한다. 민영화 얘기도 빠지지 않는다. 그리고 '지상파 독과점'이란 말이 묵은 녹음기에서 반복되고 있다. 그러나 부탁하고 싶다. 새 정부가 무슨 일을 도모할 때 적어도 '지상파 독과점'이라는 말을 명분으로 끌어오지는 않았으면 좋겠다. 가능하지도 않은 일을 실재하는 것으로 전제해 정책을 구상한다면 첫 단추가 잘못 끼워질 수 있다. "전제가 달라지면 논의의 방향이 달라지며, 전제의 설정이 부실하면 정책의 실효는 커녕 부작용만 양산하기 쉽다(김재영, 앞의 글)." '가상의 적'을 때려서는 안 된다. 지상파 독과점은 허구다.

〈참고 문헌〉

• 〈광고제도 합리화 왜 지금 필요한가〉, 방송협회, 2007년.
• 〈방송광고제도 개선방향 연구〉, 방송협회, 2007년.
• 〈방송법 개정 방향에 관한 연구〉, 방송협회, 2007년.
• 〈TV 수신료 인상에 관한 공청회〉, 한국방송공사, 2007년.
• 〈한국PD연합회 20년사〉, 한국PD연합회, 2008년.
• 〈방송통신융합시대 지상파 방송의 미래전략연구보고서〉, 방송기술 인연합회, 2006년.

- 김재영 외, 〈다매체 다채널 시대 지상파 방송 규제의 재점검〉, 언론학회 학술대회, 2006년.
- 정길화, 〈방송 80년 지상파를 변명함-그래도 지상파밖에 없다〉, PD연합회, 2007년.
- 강준만, 《한국대중매체사》, 인물과사상사, 2007년.
- 강준만, 《한국 현대사 산책》, 인물과사상사, 2006년.
- 송건호 외, 《한국언론 바로보기 100년》, 다섯수레, 2000년.

(2008)

방송 80년, 지상파를 위한 변명
— 그래도 지상파밖에 없다

2007년은 방송 80년을 맞는 해
다. 1927년 당시 경성방송국에서 최초의 방송(라디오)을 했던 것
에서 기산起算하는 것이다. 물론 일제 강점기의 방송이라 정체성
시비가 없지 않지만 미디어사 측면에서 1920년대에 방송을 시작
했던 의미는 상당하다. 학계에서도 '근대방송 80년, 한국방송 60
년'과 같은 식으로 개념을 정리하고 있다(서울대 강명구 교수).

방송협회에서는 명분과 현실을 절충해, 논란의 여지가 있는
'한국방송 80년' 대신 '방송 80년'이라고 하면서 9월 3일 방송의
날 전후로 대대적인 기념행사를 추진 중에 있다. 이 같은 기념행
사는 1977년 방송 50주년 행사 이후 매 10년 단위로 이루어지고
있다. 2007년은 지난 1997년 이래 10년 만이다.

_ 지난 10년 매체신뢰도, 사회통합, 한류중심 등 괄목할 만한 역할

1997년에서 2007년까지, 지난 10년 동안 우리 사회는 개발독재형 산업화와 권위주의 정권의 잔영을 극복하며 백화제방의 민주화로 줄달음쳐왔다. 그동안 우리 방송은 무엇을 했는가. 10년 단위의 연표 속에서 방송의 궤적을 더듬어본다.

먼저 의제설정과 환경감시 등 언론기능의 활성화다. 1997년 대선 이후 후보자 간 TV토론은 후진적인 대규모 대중동원 정치의 종언을 가져왔다. 텔레비전을 통한 후보자 간 직접비교와 첨단 개표방송은 만성적인 고비용 정치구조의 개선을 가능하게 했다. 방송은 이 땅에 본격적으로 텔레크라시Telecracy를 가져왔다. 물론 이미지 정치의 극복이나 개표방송 시스템의 만전이라는 과제는 우리 방송의 몫이다.

그리고 지난 10년간 방송저널리즘이 현저히 약진했다. 더불어 피디저널리즘, 라디오저널리즘이 만개했다. 이로써 방송은 우리 사회의 건강성 회복에 기여하고 있다. 또 방송은 침묵의 카르텔을 깨고 매체비평을 정립하여 일부 신문의 오만과 오류를 질타했다. 두 차례에 걸쳐 국민이 선택한 대선 결과의 시대정신을 직시하면서 한국 현대사의 진실규명에 나서 사실에 기초한 갈등해소와 진정한 화해를 도모했다.

언론저널리즘으로서 방송의 이러한 노력들은 수용자들에게도 긍정적으로 평가받았다. 1997년 대선 이후 매체신뢰도 조사에서 방송이 신문을 추월한 것은 대표적인 증거다. 한국언론재단에서 2년마다 실시하는 수용자 의식조사에 따르면 1998년 방송(지상파

TV)의 신뢰도가 신문을 추월한 것으로 나타났다. 그 이후 2006년까지 5번의 조사에서 방송의 신뢰도는 전부 신문을 능가했으며 양자 간 격차는 마치 경제학에서의 협상가격차鋏狀價格差 그래프처럼 나타나고 있다(http://www.kpf.or.kr/datas/pdsindex/simimg/200612201043864.pdf 참조).

사회통합에 기여한 것도 빼놓을 수 없다. 10여 년 전 IMF체제가 내습來襲했을 때 방송은 금모으기 캠페인을 통해 국민들의 자발적인 IMF 극복정신을 견인했다. 이어서 실업대책 캠페인, 재해구호 모금방송 등 우리 사회에 엄혹한 시련이 닥칠 때마다 범국민적 통합의 계기를 조성했다. 또 월드컵, 올림픽 등 큰 스포츠 이벤트가 있을 때마다 방송은 국민적 긍부를 제고했다. 그리고 6.15 정상회담, 이산가족 만남 등에서 민족동질성 회복과 남북화합에 기여하는 방송을 했다.

특히 지난 10년은 한류콘텐츠로 국가 이미지를 크게 제고하고 문화산업의 경쟁력을 강화한 데케이드decade로 각별히 기록되어야 한다. 〈겨울연가〉〈대장금〉〈주몽〉 등 한국 방송드라마는 세계 곳곳에서 선풍을 일으켰다. '한류韓流'라는 말이 중국의 사전에 표제어로 공식 등재된 것도 이 시기의 일이다(《신화新華 신사어사전新詞語辭典》, 상하이 상무인서관, 2002년). 바야흐로 한국 방송은 한류의 생산기지, 유통기지로서 곧 한류의 중심이 되었다. 이영애, 배용준, 최지우, 장동건, 비 등 유명연예인celebrity들은 우리 방송 프로그램을 거점으로 세계 스타로 발돋움하고 있다. 방송사들은 아시아, 미주, 유럽, 러시아, 중동 등의 시장을 개척하고 해외에 한국방송 콘텐츠와 방송망을 확장하고 있다.

_ 방송 80년에 되돌아봐야 할 역사성, 미래지향성, 수용자 주권

다음으로 방송기술의 힘이다. 지난 10년간은 자고 일어나면 새로운 미디어가 속속 등장했다. 케이블, 위성 방송, DMB 방송 등이 그것이다. 방송은 재전송 등을 통해 후발 매체에 콘텐츠를 제공해 이들의 출범을 도왔다. 이것이 자신을 위협하는 부메랑으로 돌아올 수 있음에도 불구하고 방송은 매체산업의 다변화에 적극적으로 기여했다. 그리고 디지털 방송 본격 실시, DMB 방송 실시 등을 주도하고 있다. 방통융합 국면에서는 무료보편적 방송 서비스의 중요성을 다시금 부각시키고 있다.

지난 10년을 돌아보니 참으로 놀랍다. 우리 방송이 이렇게 많은 일을 했다니……. 2007년에 방송 80년을 기리는 유공자 포상이 있다면 이 같은 일에 기여한 현장의 방송인들을 주인공으로 섬겨야 할 것이다. 이번 방송 80년 기념행사에서는 지난 10년의 시대정신을 관통할 수 있어야 한다. 때마침 방송협회는 2007년 방송의 날 기념 표어를 "방송 80년, 국민과 함께 미래로"로 삼았다고 한다. 역사성과 미래지향성 그리고 수용자 주권과 시청자 복지에 대한 가치지향이 담겨 있는 것으로 보인다.

그런데 위 글에서의 '방송'은 모두 '지상파 방송'을 의미한다. 이 모든 일의 주어主語인 '방송'에는 그 앞에 '지상파'를 따로 붙여야 한다. 지상파 방송과 여타 뉴미디어를 구분해야 하는 시대가 왔기 때문이다. 지난 10년 사이 방송환경에는 엄청난 변화가 있었다. 이제 방송은 지상파, 케이블, 위성 방송, DMB 등을 일일이 나누어야 용어에 혼란이 오지 않는다.

격변의 와중에 작금의 지상파 방송은 사양斜陽의 위기를 맞고 있다. 케이블을 필두로 한 뉴미디어는 시장과 영향력을 글자 그대로 잠식蠶食했다. 이렇게 되기까지는 사실 현실에 안주하고 있던 지상파 방송 스스로의 책임이 크다. 그런데 둑이 터진 봇물은 여기서 끝나지 않는다. 인터넷포털의 등장은 미디어의 개념을 새로이 정립할 것을 요구하고 있다. 또 DMB, UCC, IPTV, 와이브로 등이 시시각각 출현해 가히 미디어빅뱅을 이루고 있다. 이전의 미디어는 모두 올드미디어가 되어 퇴출의 위협을 받으며 존망의 갈림길에 있다.

'아무리 그래도 그렇지 설마 그렇기야 하겠는가.' 긴장과 위축감 속에서 애써 위안을 해본다. 그러기에 더욱 이번 방송의 날은 80년 기념일로서 마땅히 축하와 상찬의 날로 만들어야 한다. 이렇게라도 의미를 부여하고 자존을 되새기는 것은 지상파 방송의 엄숙한 소명과 정체성을 확인하고자 하는 뜻이다. 과연 그럴 수 있을까.

도처에서 지상파의 위기를 방조하거나 심지어 즐기는 것 같다. 무료보편적 서비스를 핵심으로 삼는 지상파 방송과 산업논리에 기초한 유료케이블 방송을 정책에서 사실상 동일하게 취급하는 것부터가 그렇다. 지상파와 케이블 간 매체균형발전 논리는 방송 80년의 역사성과 기여도를 무시하는 것이다. 80년 역사의 지상파 방송과 12년여 남짓한 역사의 케이블 방송이 산술적 균형

점인 50대 50까지 맞추어지는 것이 매체균형발전론자들이 진정 원하는 결과인가?

흔히 '지상파의 우월적 시대'니 또는 '독과점적 지위'니 하는 표현들을 하는데, 이것도 문제다. 한국의 매체발달사를 들여다보면 새로운 미디어의 등장은 테크놀로지의 발전과 사회경제적인 상황에 따른 선택이었을 뿐 지상파 방송이 고의로 특정 후발 미디어의 진입을 방해한 적은 없다. '방송' 하면 기술적으로나 경제적으로나 오로지 '지상파 방송'뿐이었던 시절의 결과를 놓고 마치 대기업이 중소기업의 영역을 침범하고 지배했을 때나 사용하는 '독과점' 운운하는 표현은 정당하지 않다.

_ 후발 미디어들은 미디어 난개발과 지상파를 볼모로 성장하지 않았나

오히려 새로이 등장한 미디어들은 우리 사회의 여건이 성숙하기 전에 정치논리에 의해 무리하게 도입된 '미디어 난개발'의 측면이 더 강하다. 미디어 관련 정책의 변천사를 보면 노태우 정권 이후 5년 주기로 새로운 미디어가 등장했다는 지적은 매우 시사적이다(연세대 강상현 교수). 즉 1990년 노태우 정권의 민영상업 방송 허가에 이어, 1995년 YS정권의 종합유선 방송 개시와 지역민방 개국, 2000년 DJ정권의 통합방송법 및 디지털 방송 추진위, 2005년 노무현정권의 디지털케이블 본방송 개시 및 DMB 방송 실시 등이 그것이다.

5년 주기는 정확히 단임제 아래의 현행 대통령 임기와 일치한다. 뉴미디어의 도입이 정치논리에 근거하고 있다는 유력한 심증이다. 정권이 임기 중에 새로운 미디어를 도입해 기존 미디어를 길들이고 신성장 동력을 확보함으로써 정치적 토대를 확대하려는 의도와 무관하지 않다. 뉴미디어의 등장은 시청자 복지에 대한 충분한 배려, 경제적 조건이나 콘텐츠의 공급에 대한 면밀한 검토 없이 졸속으로 이루어졌다. '미디어 난개발'이라는 말이 괜히 나왔겠는가.

대체로 후발 미디어들은 자신들의 생존과 영리를 도모하기 위해 지상파 방송을 볼모로 삼아왔다. 케이블 방송이나 위성 방송 등 후발 미디어들이 도입 당시의 명분과 조건에서 이후 얼마나 달라졌는지를 보라. 대자본 참여, 지상파 콘텐츠 재전송, 중간광고 허용, 24시간 방송, 방송심의 기준, SO(종합유선방송사업자)의 보도 기능 등을 필두로 TV공시청 안테나 문제에 이르기까지 온갖 역차별의 혜택을 누리고 있다. 이것이 바로 지상파에 대한 비대칭적 규제다. 지금 지상파의 위기는 그러한 과정의 총체적인 결과다. 제작기반이 붕괴되고 생존의 위협 앞에 서 있다.

_ 무료보편적 서비스와 공익성을 실현할 유일한 매체는 지상파뿐

지상파 방송에 대한 부당한 폄하와 근거 없는 때리기는 중단되어야 한다. 사실로도 옳지 않고 정서적으로도 맞지 않다. 지상파 방송은 지난 세월 영욕이 교차하는 가운데 우리 국민과 함께 생사고락을 같이했다. 한때는 국민들의 분노와 질타의 대상이기도 했으나, 지난 시절의 업보를 속량續良하기 위해 혼신의 노력을 치열하게 경주해왔다.

이번 방송 80년은 지난 세월에 대한 성찰과 앞으로의 실천과제를 다짐하는 기회다. 분명한 것은 방송의 주인인 국민과 함께하지 못하면 지상파 방송은 존립의 근거가 없다는 사실이다. 무료보편성과 공익성은 결코 포기할 수도 침해받을 수도 없는 지상파 방송의 '레종데트르'다. 지상파 방송이 아닌 어떤 미디어가 이 가치를 실현할 수 있겠는가. 방송의 공익성은 어려울 때일수록 근본에 충실해야 함을 일깨워주고, 정체성에 대한 도전과 위협을 막아주는 호신부護身附다.

(2007)

인문학적 상상력이 해법이다
— PD연합회 창립 20주년을 맞으며

2007년은 먼저 6월항쟁 20주년의 해다. 우리 사회가 독재와 폭력의 억압에서 벗어난 '87년체제' 이후 이미 적지 않은 세월이 흘렀다. 그동안 우리는 민주주의와 인간다운 사회를 위해 노력해왔다. 그러나 냉정히 응시하면 지체와 혼선이 더 많았다. 올해가 IMF 외환위기 10주년의 해임을 환기한다면 무엇보다 먼저 겸손해야 할 일이다. 외환위기는 1997년 12월 어느 날 하늘에서 갑자기 떨어진 것이 아니다. 이를 야기했던 지나간 오만과 낭비의 시간은 모두 우리들의 몫이다. 더욱이 예방저널리즘이 부재했던 언론의 후안무치와 문제해결 능력을 보여주지 못하는 요설饒舌의 정치가 주는 환멸은 지금도 계속되고 있다.

그러한 가운데 2007년에는 대선이 있다. 박빙의 대결을 두어 차례 겪은 이후 여야는 다시 '올 오어 나싱All or Nothing'의 건곤일

척을 벌일 것으로 예상된다. 갈등을 치유하고 통합으로 가는 축제가 아니라 패자에게는 승복하지 않는 증오를, 승자에게는 합법적인 교만을 부여하는 불행한 의례儀禮로 우리의 선거는 변질되고 있다. 올 한 해 내내 불신과 대립을 일삼고 끊임없이 이합집산을 거듭하다가 드디어 12월 어느 날에 벌어지는 거대한 한판의 '투전'을 감내할 여력이 우리 사회에 남아 있는가.

작금 이 같은 우리 사회의 중심 없는 쏠림과 부유浮游에 방송의 책임은 막중하다. 방송이 좀더 잘한다면 상황은 한결 달라질 것이라고 믿는 사람들이 여전히 많다. 돌이켜보면 시민과 학생의 희생으로 성립된 87년체제는 이 땅의 방송에게 알 권리와 표현의 자유를 신장할 소망스런 기회를 주었다. 그러나 무임승차의 원죄는 컸다. 방송이 그 새로운 역할에 적응하기도 전에 주변환경은 급변했다. 권력의 바람벽이 주는 안온함이 해체되고 다매체 다채널 속에서 이제는 스스로 생존할 것을 요구받고 있다. 뉴미디어에 대해 내보인 지상파 방송의 오만은 부메랑으로 돌아왔다.

게다가 새로운 성장동력을 모색한다는 등의 명분 아래 추진되는 방통융합은 보편적 서비스를 근간으로 하는 지상파 방송의 핵심인 공익성마저 무너뜨릴지 모른다. 철학의 부재, 정책의 개념 상실이다. 도처에 지상파 때리기가 만연하고 있고 정파적인 이해를 관철하기 위한 공영방송 흔들기는 도를 넘어섰다. 살아남기에 급급한 방송은 시청률과 광고를 향해 부나비처럼 뛰어들고, 이는 다시 방송사 간의 소모적인 경쟁으로 이어진다. 그리고 결국 방송의 의제설정력을 현저히 손상함으로써 급기야 정체성의 혼란으로 비화될지도 모른다.

바로 그러한 가운데 올해는 PD연합회 창립 20주년의 해이기도 하다. 그러고 보니 PD연합회도 87년체제의 산물임을 인정해야 하겠다. PD연합회 역시 사실상 무임승차를 했고 지난 20년의 '쏠림'과 '부유浮遊'에서 자유롭지 않다. 물론 연합회가 그동안 언론운동단체로서 나름대로 활동한 바의 성과는 없지 않을 것이다. 또 PD들은 '방송문화의 생산자'를 자임하며 한류콘텐츠의 선풍을 선도했다고 자부할 만하다. 그러나 어느 사이 거대 연예자본과 스타마케팅의 잠식과 발호 속에서 이제는 초라한 위상으로 전락하고 있다. 그리고 뉴미디어와 거대한 기술결정론의 태풍이 몰려오고 있다.

작금 논의되고 있는 새로운 미디어들이 시청자의 행복에 이바지할 것인지 혹은 정녕 새로운 성장동력이 될 것인지는 전혀 검증되지 않고 있다. 생산요소의 과잉이나 중복 여부도 따져봐야 하건만 장밋빛 전망의 와중에서 업적에 목마른 정치권과 기술의 내적 논리로 일관하는 테크놀로지가 결합한 가운데 분별없이 질주하고 있다. 한마디로 오늘의 방송은 자본과 테크놀로지가 콘텐츠의 생산력을 위협하고 있고 PD와 작가의 상상력은 여기에 포위되어 있다.

PD연합회 20년은 그 전락轉落의 과정을 엄중하게 성찰해야 한다. 문제의 해결은 문제의 인식에서 출발하기 때문이다. 그리고 그 해법은 이제는 빛바래 정의하기조차 힘든 '인문학적 상상력'임을 믿어본다. 해법의 창구마저 보이지 않는다면 너무나 잔

혹하다. 상상력, 정녕 우리의 해법이 될 수 있는가. 우리들은 자유롭게 상상하고 있는가.

(2007)

방영금지가처분 유감

SBS 〈그것이 알고 싶다〉의 '아가동 산 그후 5년'이 법원으로부터 방영금지가처분 결정이 내려져 불방돼 논란이 드세다. 서울지법 남부지원은 가처분 결정의 이유를 "아가동산에서의 살인 의혹이 이미 '대법원에서 무죄 확정판결'을 받았으며, 후속 취재 내용이 '진실한 사실로서 공공의 이익을 위한 것이라고 볼 수 없다'"는 점을 들었다. 방영금지가처분 신청은 그동안 여러 차례 있었지만 대부분 기각되거나 방송 내용이 일부 수정되는 수준에서 마무리됐다. 프로그램 전편에 대한 방영금지 결정이 내려진 것은 이번이 처음이다.

팔이 안으로 굽는다는 혐의가 씌워질 개연성이 많지만(?) 이번 일은 짚고 넘어가지 않을 수 없다. 이번 판결의 '선의'에도 불구하고 초래될 역기능이 만만치 않기 때문이다. 방영금지가처분 제도에 관해서 제일 먼저 제기되는 문제는 사전검열 시비다. 알 권리와 표현의 자유는 인류가 오랜 투쟁 끝에 확보한 권리다. 비록 방송 후 있을 수 있는 현저한 피해를 예방하고자 하는 취지라 해도 방송에 앞서 판사가 프로그램의 내용을 파악하는 과정에서 결과적으로 '단속'과 '규제'가 이루어지고 있는 바, 사실상의 사전검열이 아니냐는 지적이다. 이는 주로 방송현업자와 방송학계에서 진지하게 제기되고 있다. 이에 반해 법조계나 법학계의 입장은 사뭇 다르다. 문제가 되는 것은 행정부에서 하는 검열이고 이 방영금지가처분 신청제도에서의 그것은 법원에서 이루어지는 것이므로 사전검열로 보기는 어렵다는 얘기다. 그러나 방영 전에 기자나 PD의 전문성과 양심의 자유가 아닌 다른 요인으로 내용에 수정이 가해지거나 이번처럼 아예 방송이 불허되는 일은 그것을 법률적으로는 뭐라고 말하든지 간에 실질적으로는 '검열'의 효과를 가지게 되고, 나아가 현업자들에게 심리적인 위축까지 불러오기 때문에 문제가 아닐 수 없다.

물론 지금까지 미디어에서 행한 모든 보도가 항상 정의롭고 공동체에 이익을 가져왔다고는 생각지 않는다. 그런 점에서 어떤 방식으로든 사회적 안전판은 필요하다고 생각한다. 그런데 주변을 살펴보면 미디어의 잘못된 보도는 작금 명예훼손이나 초상권 침해와 같은 천문학적 숫자의 법정소송 사태에서 보듯 엄정한 검증과정이 충분히 작동되고 있다(필자도 두 차례의 경험이 있다. 다행히 무혐의 또는 재판에서의 승소로 끝났지만 재판과정에서의 노심초사나 그 이후의 심리적 위축은 착잡한 것이었다). 미디어의 역기능을 견제하되 그것은 어디까지나 사후에 이루어지는 것이 국민의 알 권리와 표현의 자유를 신장시키는 데 합당하다고 본다. 이미 여러 언론사에서는 자문 변호사, 당직 변호사, 기사실명제 등을 통해 전문성과 책임성을 드높이려 애를 쓰고 있다. 이런 것도 사실은 날로 늘어나는 각종 소송에 나름대로 대응하기 위해서 언론사들이 스스로 만든 제도적 장치인 것이다. 견제와 균형은 이렇게 만들어져야 하는 것이 아닐까.

방영금지가처분 제도와 관련해 주목해야 할 또다른 문제도 있다. 그동안 이 제도가 운용된 사례를 보면 미디어의 보도에 의한 피해 예방이라는 취지와 달리 주로 힘 있는 세력이 언론사의 보도를 회피하거나 방해하는 데 동원된 느낌을 주는 경우가 없지 않았다. 돈과 조직이 있는 기관이나 단체에서 자신들에게 불리한 내용의 보도가 나가지 않도록 이 제도를 활용했다고 하면 지나친 말일까.

남부지원은 이번 결정에서 "언론매체들의 상업주의에 대한 역기능의 우려도 커지고 있다"며 "(이번 프로그램이) 공공의 이익을 위한 것으로 볼 수 없다"고 지적했다. 말하자면 시청률을 올리기 위해 선정적인 의도로 이런 프로그램을 하는 것이 아니냐는 힐난을 하고 있는 셈이다. 이는 참으로 유감스런 일이다. 필자의 소견으로 이는 지나친 예단으로 사법부가 말할 수 있는 범위를 벗어난 것이 아닌가 생각된다. 제작진의 방송인으로서의 양식과 사회정의에 대한 순수한 열정을 그저 불순한 한탕주의로 폄하한 것은 지나친 편견이라고 할 수밖에 없다.

언론의 잘못된 보도는 마땅히 견제돼야 한다. 그러나 이것이

과다하면 언론의 '감시견' 역할이 약화된다. 잘못된 보도의 피해자는 눈에 보이지만 언론의 고발기능이 약화됨으로써 생기는 피해자는 특정하게 적시되지 않는다. 그러나 그 피해는 우리 모두의 것이 된다. 빈대 잡는다고 초가삼간 태울 수 없고 쇠뿔 바로잡겠다고 소를 죽일 수는 없다.

(2001)

미디어를 위한 변명

'미디어 테러리즘'을 화두로 하는 토론회가 있었다. 어떻게 하다보니 천학비재한 필자가 그 말석에 앉게 되었다. 이 토론회에서는 미디어의 폭력성에 관한 성토가 줄을 이었다.

"미디어는 진리독점으로 진리에 폭력을 행사하고, 미디어가 개입하지 않은 부분은 용납하지 않는 문화독점을 통해 일체의 저항에 폭력을 행사하며, 보이는 것에 대한 집착을 통해 현실에 폭력을 행사하며, 힘의 논리에 의해 왜곡된 현실을 재현함으로써 소수자들에게 폭력을 행사한다. 걸프전과 9.11테러 보도에서 보듯 폭력적 영상의 반복을 통해 전쟁을 사이버 게임 수준으로 만들고 폭력에 대한 불감증을 조장한다. 산골소녀 영자 방송 이후 그 가족의 참담한 상황을 보라. 미디어에 의한 무수한 폐해와 역기능을 보라. 그리고 그 피해자들을 보라."

토론자들은 가히 융단폭격을 가한다. 말씀인즉슨 구구절절 옳은 이야기고 평소에 내가 익히 생각하던 부분이기도 하다. 유구무언일 수밖에 없다.

그런데 미디어 종사자들을 미디어 테러리스트로 부르고 모든 미디어를 테러리즘의 시한폭탄으로 몰고 가는 것엔 적이 반발하지 않을 수 없다. 필자는 한 사람의 미디어 종사자일 뿐 미디어 정책 결정권자도 아니요 미디어 조직의 책임자도 아니건만 자신의 직업적 근거가 송두리째 매도당하는 것엔 자존심의 방어기제가 발동될 수밖에 없었던 것일까.

테러리스트라고 하면 그것이 옳고 그름을 떠나서 적어도 자신이 믿는 신념체계를 실천하고자 하는 확신범이다. 그렇다면 과연 미디어 종사자들이 그러한가. 앞에서 지적한 미디어의 여러 폭력성은 미디어의 기능을 수행하는 과정에서 빚어진 어떤 부산물로서 그저 미디어의 역기능 또는 부작용이라고 말하면 충분하다. 이 세상의 어느 미디어 종사자가 폭력적 역기능 그 자체를 달성하는 것을 목적으로 미디어를 사용하겠는가.

미디어의 부작용을 부정하는 것은 아니다. 그러나 적어도 그것은 목적이 아니라 의도하지 않은 결과이고 이는 종사자의 부주의나 무지에서 오는 실수(error 즉 terror가 아닌 error)라고 보아야 할 것이다. 미디어 종사자를 테러리스트라고 모는 것은 언어의 테러가 아닌가.

미디어가 그러할 정도로 폭력성을 행사하는 것은 그만큼 힘이 있기 때문이다. 그 힘과 권위는 누가 가져다주었는가. 그것은 바로 수용자다. 미디어가 자신을 극대화해나가는 그 회로에는 독자나 시·청취자들의 수용이라는 중요한 단계가 있다. 수용자들은 미디어에 열렬히 반응하고 스스로 즐기며 미디어를 적극적으로 향수한다. 그들은 미디어의 정체를 이미 알고 있다. 그럼에도 미디어를 동경하며 때로는 이에 편승한다. 이러한 과정에서 미디어는 더욱 큰 힘을 확인하고 재충전한다.

미디어가 테러리즘이라면 수용자도 그 회로 안에 들어와 있는 것이다. 수용자의 책임 부분을 배제한 채 모든 미디어 종사자를 우범시하는 것은 결코 문제해결에 도움이 되지 않는다. 미디어의 폭력성이나 역기능은 우리 시대에 미디어가 미디어로 작동하는 한 피할 수 없는 속성인지도 모른다.

마치 필자가 이 세상 모든 미디어 종사자의 대변자가 된 양 열변을 토했다. 말을 하다보니 사뭇 논리가 그럴듯하여(?) 자기도취에 빠져 어깨가 으쓱해졌다. 그런데 무언가 허전하다. 미디어의 폭력성 논의에 수용자의 책임을 걸고 들어가는 물귀신 작전을 쓴 셈인데 그런다고 문제가 해결될 일인가.

미디어가 테러라는 논의에, 그것은 테러가 아니라 에러라고 빠져나갔지만 결국 작금의 미디어가 에러임을 자수한 꼴이다. 테러리스트를 피하려고 스스로 서툰 목수, 어설픈 광대 노릇을 자인한 셈이니 영 입맛이 쓰다. 이제 무엇을 할 것인가······.

(2001)

기자들이 일어나야

지난 4월 7일은 제44회 신문의 날이었다. 한국신문협회는 '펼친 신문, 열린 미래'를 신문주간의 표어로 내세웠다. 반면 언론개혁시민연대는 성명을 발표해 선출되지도, 책임지지도, 규제받지도 않는 권력인 한국신문들에 심각한 우려를 표명했다. 지난달에 있은 제4회 삼성언론상에서 특별상을 받은 조용중 한국ABC협회 회장은 수상소감에서 한국신문의 지나친 권력화를 통탄했다. 덕담이나 하면 족할 그런 자리에서 원로의 충정어린 염려가 개진되고 또 폭넓은 공감을 일으키는 것이 이 시점의 분위기다.

신문의 날 기념식이 개최된 4월 6일 프레스센터에서는 언개연과 언노련 관계자의 신문개혁 촉구 시위가 열렸다. 이 신문의 날 행사는 한국신문협회, 편집인협회, 기자협회 3단체의 공동주최로 열렸다. 결국 이 시위는 사주 등의 발행인, 부장·국장급의 신문사 간부 그리고 일선의 현역기자들에게 자발적인 신문개혁을 요구한 셈이다. 말씀인즉 지당하나 과연 이것이 가능할까.

필자는 지난 4월 7일 '신문의 날 특집 다큐멘터리-기자정신을 찾아서'를 제작 방영했다. 개인적으로 이는 1998년의 〈PD수첩〉 '위기의 한국신문, 개혁은 오는가'와 1999년의 MBC 특별기획 〈이제는 말할 수 있다〉 '언론통폐합과 언론인 강제해직' 편에 이은 매체비평 관련 프로그램 세번째에 해당한다. 인기도 없고(평균 시청률 7~8퍼센트), 방송사에서도 별로 좋아하지도 않는 이런 프로그램을 하느라고 솔직히 주변이 썰렁하다. 하지만 무소불위의 권력기관인 이 땅의 신문들을 견제하고 비판할 수 있는 곳은 방송(그것도 영리추구를 하는 상업방송이 아닌 공영방송)밖에 없다는 소신으로 이 나마의 프로그램을 해왔다고 감히 말하고 싶다.

이번 '신문의 날' 특집에서 강조하고 싶었던 것은 신문기자들이 개혁의 주체가 되어야 한다는 점이었다. 흔히 신문개혁 하면 정간법이라든지 소유구조의 문제, ABC 제도나 신문공판제 등 제도적 장치에만 초점이 맞추어진다. 그러나 우리 신문의 가장 심각한 폐해는 족벌 사주의 이익에 복무하는 정파적 보도에 있다. 이는 편집권 독립과 같은 방식으로 해결방안을 찾아야 한다. 일선 기자들이 주체가 돼야만 가능한 일이다.

프로그램을 위해서 한국기자협회와 공동으로 서울시내 일간지, 경제지 등 현역 기자 200명을 대상으로 설문조사를 실시했다. 이 결과는 여러 가지를 음미하게 해주었다. 신문기자들은 드높은 직업 만족도를 보이며(62.1퍼센트), 다시 기자를 해도 신문기자를 하겠다고 말했다(신문기자 : 47.1퍼센트, 인터넷기자 : 32.9퍼센트, 방송기자 : 12.0퍼센트의 순). 그러나 앞으로 신문의 위상은 더 낮아질 것(48.8퍼센트)이라고 답했다. 또 기회만 있으면 이직(15.6퍼센트)하거나 이직할 마음은 있지만 신중히 선택(59.1퍼센트)한다는 응답을 보여 눈길을 끌었다. 이는 자존심과 전망부재 사이에서 신문기자들이 심리적으로 동요하고 있음을 보여주는 것이라고 본다.

특히 기자들은 신문 발전을 가로막는 제약으로 관료적 신문사 구조, 사주의 횡포, 기자의 샐러리맨화 등을 들고, 보도에 가장 큰 영향을 미치는 집단으로 신문사 간부, 사주, 광고주, 정치권력 순으로 응답했다. 또 사주가 인사에 영향을 미치는 정도로 절대 영향을 미치거나(46.6퍼센트), 어느 정도 영향을 미친다(44.8퍼센트)고 답해 신문사 조직의 경직성과 내적 통제가 일선기자들에게 큰 압박으로 작용하고 있음을 알려 주었다. 기자들이 소신껏 취재보도 활동을 할 수 없게 하는 신문사의 풍토를 바로잡는 것이 신문개혁의 요체라는 것을 이 조사결과는 말해주고 있다.

그러나 우리 신문기자들이 잘못된 것은 다 사주나 간부 탓으로 돌리고 자신의 책임은 느끼지 않으려는 일종의 면죄부 의식에 젖어있는 것은 아닌지 우려하게 된다. 신문의 편파 보도와 관련해 그 책임이 어디에 있는지를 조사한 어느 설문에서 다수의 기자들이 사주에게 책임이 있다는 응답을 했던 것이 기억난다. 개별 기자들은 무엇보다 내외부의 압력에 맞서 싸우면서 공정보도와 언론자유를 수호해야 한다. 그러나 사주와 간부 등 조직의 문제로 책임을 전가하는 상황에서 신문개혁은 가능하지 않다.

프로그램에서 필자는 현역기자들에게 기자정신을 회복하고
실천할 것을 주문하고 싶었다. 하지만 '벤처 엑소더스'의 열풍이
거세게 불고 있는 이런 상황에서, 또 사주에 의해 장악된 신문사
내에서 살아 남는 것이 급선무인 우리 기자들에게 이는 너무 가
혹한 주문인가. 신문개혁의 길은 멀고 험하기만 하다.

(2000)

검열은 그 사회의 자신감 부족이다

베트남전에서 미국에 의해 무
분별하게 사용돼 물의를 일으킨 고엽제가 이미 한국의 휴전선 일
대에서 사용됐다는 언론 보도는 충격적이다. 특히 그 시기가
1967년에서 1969년 사이라니 심상치 않다. 왜냐하면 1966년부터
국제사회가 고엽제의 유해성에 대해 문제제기를 하기 시작했기
때문이다. 1966년 당시 유엔총회에서는 미국이 베트남전에서 사
용하는 고엽제가 제네바의정서에서 금지한 전쟁수단이라고 비난
했다. 이후 공방이 거듭되다가 1969년에 들어 유엔은 "국제전쟁
에서 기체든, 고체든, 액체든 사람, 동물, 식물에서 독성효과를 얻
기 위해 화학약품을 사용하는 것은 제네바협약을 위배하는 것"이
라고 선언하기에 이르렀다.

미국이 '권고(또는 요청)'하고 한국군이 승인해 이루어졌다는
비무장지대의 고엽제 살포는 가증스럽다. 적어도 미국은 고엽제

의 유해성을 알고 있었다고 볼 수 있기 때문이다. 그렇다면 미국은 한국에 고엽제의 유해성을 숨긴 것이나 다름없다. 휴전선 고엽제 문제는 자국민, 즉 미군에게나 중요한 일일 뿐 약소국가인 한국인이야 알 바 없다는 차별적 태도가 반영된 것이거나 최소한 '미필적 고의'가 작용했다는 점은 부인할 수 없을 것이다.

그런데 최근 더 충격적인 소식이 전해졌다. 지난 1980년 외신을 통해 1960년대 후반 한국의 휴전선에 고엽제가 사용됐다는 보도가 있었으나 당시 계엄 치하에서 언론검열이 가해지고 있어 이 뉴스가 전면 삭제됐다는 것이다. 참으로 놀라운 일이다. 19년 전의 뉴스가 이제야 알려지게 된 것이다. 작금 연일 언론의 후속보도가 나오고 국방부나 국가보훈처가 서둘러 대책을 마련하고 있는 것을 보노라면 흘러간 19년의 세월이 참으로 안타깝다. 그동안 고엽제 피해에 고통을 당하고 인생을 망친 사람도 있을 것이다. 배상은커녕 영문도 모르고 죽어간 사람이 있었는지도 모를 일이다. 미국의 경우 고엽제 피해를 둘러싼 민간의 소송이 1970년대 후반부터 있었다고 하니 보도가 제대로 됐다면 휴전선 고엽제는 조기공론화됐을 것이다.

더욱이 이 보도가 1980년 계엄 아래 언론검열로 통제된 것이라니 착잡해진다. 언론통폐합으로 지금은 없어진 합동통신이 AP 뉴스를 받아 워싱턴발로 이 보도를 전한 것은 1980년 4월 25일이었다고 한다. 아마도 이때는 서울의 봄이 절정을 이루고 있었을 것이다. 한편으로 최규하 정부의 애매한 태도와 함께 12.12로 실권을 장악한 이른바 신군부가 호시탐탐 기회를 노리던 무렵이었다. 당시 언론검열은 신문, 방송, 통신 등 전 부문에 걸쳐 이루어지고 있었다.

검열활동의 기준은 물론 있었다. 언론통제지침은 '군부에 관한 내용, 대통령 시해자 미화 내용, 현 정부의 허약체 선동 내용, 반미감정 조성 및 이간책동 내용, 경제파탄 선동 내용 등'을 관제官制하는 것으로 돼 있었다(박종식, 〈80년 계엄하의 보도지침〉, 《날벼락 보도》). 서울시청 3층에 있었다는 언론검열반은 왜 이 뉴스를 전면 삭제처리했을까. 이것이 언론통제지침 중 어느 부분에 해당된다고 판단한 것일까. 군부에 관한 것인가 아니면 반미감정 조성에 관한 내용인가.

1980년 당시 계엄군 언론검열반으로부터 직접 검열을 받아본 언론인들의 체험담은 처연하다. 검열기준이란 것이 있긴 하지만 검열관에 따라 기준이 다르고 심지어는 동일한 사안이 검열관의 기분에 따라 좌지우지되는 경우도 있었다고 한다. 그렇게 해서 검열된 기사들이란 것이 "김계원 씨는 안 된다(씨 자를 쓰지 말 것)" "최규하 대행 대통령 추대―제목에서 뺄 것" "김대중 회견 기사 톱은 불가" "전두환 중정부장 임명에 따른 비판기사 불가" "NYT 기사 중 전두환 장군 관계기사 불가"였다. 여기에 지금 보아도 납득이 안 되고 한심하기까지 한 것은 "보신각종 깨진 것 불가" "방위병 탈영 사건 불가" "원유도입 문제 불가" "국방부 출입기자단 교통사고 불가" 등이다(전 한국일보 사진부 김성수 기자에 의해 공개된 계엄하 언론보도 검열지침).

이런 와중이었으니 휴전선 고엽제 기사가 삭제되는 것은 일도 아니었겠다는 생각이 든다. 신군부는 이처럼 언론을 장악하고 그들의 야욕을 점차 노골화해갔다. 이후 신군부는 언론인 강제해직, 언론통폐합, 언론기본법 등의 수순을 밟으면서 국민의 눈과 귀를 완벽하게 틀어막고 언론을 길들였다. 정통성에 하자가 있는 신군부로서는 언론장악이 초미의 과제였을 것이다.

검열은 그 사회의 자신감 부족을 말한다고 한다. 검열과 통제에 기반을 둔 권력은 결국 자멸하고 만다는 것을 역사는 보여준다. 한편으로 휴전선 고엽제 살포 기사가 19년 만에 빛을 본 것은 언론의 자유가 얼마나 중요한지를 웅변하는 것이기도 하다. 언론사나 언론인을 위해서가 아니라 언론자유는 바로 국민을 위한 것이다.

(1999)

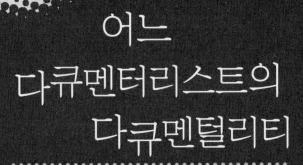

어느
다큐멘터리스트의
다큐멘털리티

다큐멘터리는 시대정신이다. 다큐멘터리는
1차적으로 기록을 의미하지만 단순히 여기에 머무르지
않고 이를 토대로 현실을 성찰하고 미래의 방향을
모색하는 의미 있는 장르라고 생각한다.

'워낭소리' 신드롬

한 독립PD가 3년을 넘게 걸려 만든 다큐멘터리 영화 〈워낭소리〉가 선풍을 일으키고 있다. 이미 관객 20만을 돌파해 〈우리학교〉나 〈원스〉를 능가하는 신기록을 세웠고 곧 60만 관객을 기록하는 모양이다. 가히 〈워낭소리〉 신드롬이다. '독립영화 60만이면 일반영화로 600만'이라는데 대단한 성공이다. 그러고도 입소문이 그치지 않고 개봉 극장수가 늘어나 머지않아 관객 100만 돌파라는 대기록도 가능할 것이라고 한다.

오지 시골에서 80노인과 40년을 산 소의 이야기를 다룬 〈워낭소리〉는 사람과 자연의 공존과 소통, 나아가 생로병사의 실존적 고민에 대한 성찰을 하게 하는 작품이다. 러닝타임 118분인 이 영화는 빈틈없이 짜인 서사구조의 영화가 아니다.

〈워낭소리〉는 화려한 기교보다는 충실한 관찰과 정직한 기록을 통해 관객들에게 느낌과 사유의 기회를 열어주는 영화다. 속도전을 들먹이는 과속과 탐욕의 이 시대에 느림의 감성을 선사한다. 열악한 여건에서 이 같이 좋은 다큐멘터리를 만든 이충렬 PD에게 진심으로 찬사를 보낸다.

이례적으로 다큐멘터리 영화가 공전의 히트를 치자 비화와 후일담이 꼬리를 문다. 독립 PD로 오랫동안 일했던 감독의 이력이 이 같이 기막힌 소재를 발굴하는 기초가 되었다는 얘기도 있고, 폐광지역에서 6개월 이상 작업한 프로그램은 지상파 방송의 소재로 적합하지 않다는 '판정'을 받아 사실상 폐기되었다는 일화도 있다.

이런 일에서 자기만의 작품 세계를 가꾸고 지키는 PD의 소신과 고집을 느낄 수 있다. 이번 〈워낭소리〉도 기존 방송사의 벽을 뚫지 못해 애를 먹었다고 한다. 그러다가 마침내 영화 쪽으로 활로를 찾아 극장에서 다큐멘터리 영화로 개봉되었다는 얘기는 시사示唆하는 바가 많다.

당초 〈워낭소리〉는 지상파 방송용으로 기획, 제작된 다큐멘터리 프로그램이었다. 기획에서 최종 완성까지 6~7년은 걸렸는데 촬영과 편집에만 3년이 걸린 작품이다. 하지만 애초에 목표를 한 지상파 방송사들로부터 퇴짜를 맞았다. 품과 공을 들여 만든 역작이 지상파로부터 외면을 받자 감독은 케이블TV를 찾아갔다. 그러나 거기서도 뜻을 이루지 못했다.

그러다가 우연한 기회에 독립영화를 배급해온 '인디스토리'를 만나 돌파구를 찾았다. 이후 2008년 10월 부산국제영화제에서 일반에 첫 선을 보여 PIFF메세나상(최우수 다큐멘터리상)을 받았고, 제34회 서울독립영화제 관객상, 2009년 선댄스영화제 다큐멘터리 경쟁부문 진출 등의 쾌거를 올렸다(《오마이뉴스》 기사 참조). 그리고 2009년 1월 드디어 극장에서 상영되기에 이른 것이다.

독립 PD로 지상파에서 주로 일해온 이충렬 감독이 정작 방송사로부터 홀대를 받았다는 것이 마음에 걸린다. 지상파 방송의 어떤 요인이 〈워낭소리〉를 기피하도록 했을까. 프로그램 단가나 저작권 협상 혹은 편성상의 문제 때문인가. 아니면 될성부른 물건을 알아보는 심미안審美眼의 부재로 인한 것인가. 한번 톺아볼 대목이다.

방송인의 입장에서 굳이 이 작품을 따진다면 느슨한 구성, 결과가 빤히 들여다보이는 스토리, 심각하지는 않으나 가끔 드러나는 영상과 오디오 편집상의 결함 등을 지적할 수 있다. 특히 프롤로그 장면은 노부부가 봉화 청량사에서 죽은 소의 명복을 비는 상황인데 지상파 PD라면 그런 구성을 택하지 않았을 것이다. 결말을 다 알고 시작하니 긴장감이 떨어진다.

그보다 들머리에서는 기운이 다한 늙은 소 대신 새로이 젊은 소를 들여와 늙은 소가 외양간에서 쫓겨나는 장면이나, 수의사가 '소의 수명이 이제 1년밖에 남지 않았다'고 진찰하는 장면 등을 배치하는 것이 시청자에게 궁금증을 줄 만하다. 그래야 시청자들이 계속 TV 앞에 앉아 있으려 할 것이다. 요컨대 TV 프로그램으로는 긴장감과 흥미가 떨어지는 작품으로 여겨진다.

하지만 이런 디테일한 것이 지상파의 구매결정을 미루게 할 결정적 요인이 되었을 것 같지는 않다. 편집과 구성은 바꿀 수도 있는 것이다. 시청률과 광고의 변수에 지배되는 지상파 방송사로서는 아마도 이 작품의 '흥행성'을 확신을 할 수 없었을 것이다.

나아가 기존 방송사에서 이런 다큐멘터리를 자체 기획하고 제작할 수 있었을지도 궁금하다. 농촌과 노인 얘기는 시청률이 나오지 않는 다는 속설, 3년여에 걸친 제작기간, 극적인 구성과 긴장감을 선호하는 방송가의 풍토 등을 생각할 때, 외주든 자체든 지상파의 〈워낭소리〉는 여의치 않았을 것이다.

여기서 한 가지 사실을 고백하자면 필자가 1995년 MBC 휴먼 다큐멘터리 〈신인간시대〉를 만들 때 비슷한 소재를 다룬 적이 있다. '송영감의 소통철학'이라는 부제副題를 달았는데 바로 〈워낭소리〉와 같은, 농촌에서의 노인과 소의 얘기였다. 충청도 어느 농촌마을에서 소를 키우며 살아가는 노부부의 삶을 들여다보는 내용으로 촬영기간 일주일 남짓의 '전형적인' 소품이었다. 방송 후 결과는 범상한 것이었고 역시 농촌과 노인 얘기는 재미를 못 본다는 예의 속설만 확인했다. 그랬던지라 내가 〈워낭소리〉를 보는 심정은 남달리 각별하다. 여기에는 솔직히 부러움과 부끄러움이 교차하고 있다.

그런 점에서 〈워낭소리〉는 독립 PD보다 상대적으로 좋은 환경에 있는 제도권 방송인들에게 자성의 계기로 다가온다. 여러 여건상 지상파 방송 PD가 한 작품에 3년씩 생산요소를 투입하는 것은 힘들다. 날로 각박하고 어려워지는 지상파의 방송 환경은 〈워낭소리〉와 같은 프로그램을 엄두도 낼 수 없게 한다. 그러나

시청률과 공헌 이익에 부대끼는 지상파 다큐멘터리 PD의 제작여건이 아무리 어렵기로서니 독립 PD와 비교할 수 있겠는가. 그러고 보면 근성과 집념 그리고 무엇보다 삶과 사물에 대한 진솔하고 열린 자세가 좋은 작품을 낳는다는 것이 〈워낭소리〉가 지상파 방송인들에게 들려주는 소리가 아닐까 한다.

사실 〈워낭소리〉가 지상파에서 방영되어도 지금과 같은 반응이 나올지는 알 수 없다. 〈워낭소리〉는 극장에서 개봉된 후 독립영화에 대한 동정적, 우호적 여론에 힘입어 입소문과 함께 유례없는 성공으로 이어진 측면도 없지 않기 때문이다.

〈워낭소리〉가 지상파 채널로 방송됐다면 일과성의 프로그램으로 쉽사리 잊혔을지도 모른다. 그래도 이 작품이 지상파와 인연을 맺지 못한 점은 어쩐지 아쉽다. 감독이란 호칭보다 PD라는 말이 더 듣기 좋고, "방송에서 인정받고 싶지 영화에서 인정받고 싶은 건 아니다"는 다큐멘터리스트 이충렬 PD의 향후 건승이 기대된다.

독립영화가 이처럼 신드롬을 일으키고 100만 관객 시대를 만드는 일은 기분 좋은 일이다. 비주류가 주류에 일격을 가하고 음지가 양지되는 것은 그것이 비록 일시적이고 매우 드문 일이라 해도 우리 사회의 풍성함과 여유로움에 기여할 수 있기 때문이다. 다만 걱정스러운 것은 〈워낭소리〉의 성공으로 독립영화에 대한 열악한 여건이 잊히는 일이다. 또 이 영화가 우리에게 주고자 한 진솔한 메시지는 사라지고 화제작 영화를 한 편 본다는 그저 하나의 소비행위로 치부되는 일이다.

(2009)

최진실을 위한 만가
— 한국 사회에 경종을 울리다

연기자 최진실이 자살했다. 2008년 10월 2일 아침 인터넷에 이 기사가 속보로 뜨자 나는 망연자실했다. 믿어지지 않았다. 바로 TV 앞으로 달려가 채널을 이러저리 돌렸다. 최진실의 사망은 당일 방송 3사의 메인 뉴스의 톱에 오르고 지난 며칠 동안 모든 과정이 지상파와 케이블TV로 샅샅이 전해졌다. 인터넷포털은 그녀와 관련된 세세한 뉴스로 도배됐다.

최진실. 국민배우의 반열에 오른 그녀를 누구나 친근하게 여기고, 또 방송가에는 각종 프로그램을 통해 인연을 맺은 이가 한둘이 아니겠지만 내게는 그녀가 좀더 각별하다. 지난 1991년 11월 필자가 〈인간시대〉를 연출할 때, 최진실을 주인공으로 한 프로그램을 만들었기 때문이다.

당시 필자는 〈인간시대〉 PD로서 스타 최진실의 애환을 담은 '최진실의 진실'을 연출한 바 있다(기획 이긍희, 연출 정길화, 조연출

스타 최진실의 애환을
담은 〈인간시대〉
'최진실의 진실'

김환균, 작가 박명성, 촬영 김경철). 이때의 최진실은 '남편 귀가시간
은 여자하기 나름'이라는 CF로 신데렐라가 되어 본격적으로 각
광을 받기 시작하던 무렵이었다. 최진실은 영화 〈남부군〉과 〈나
의 사랑 나의 신부〉 〈수잔 브링크의 아리랑〉 등을 거치며 주가를
올리고 있었다.

  그렇다고는 해도 그때까지 그녀는 운 좋게 인기를 얻은 벼락스
타, 반짝스타의 이미지를 벗어나지 못했다. 그래서 〈인간시대〉의
연출 포인트는 연예계의 신데렐라 최진실의 실체는 무엇이며 그
녀의 애환은 무엇인가를 주목하는 것이었다. 〈인간시대〉에서 이
른바 유명인사가 등장하는 것이 처음은 아니었지만(그 이전에 배
우 안성기가 나온 적도 있었다) 왜 난데없이(?) 최진실을 주인공으로
하는지에 대해서는 여기저기서 꽤 많은 질문을 받았던 것 같다.
이때 나는 연출자로서 답하기를 "첫째로 〈인간시대〉의 끊임없는
변화 모색, 두 번째로 불우했던 과거를 딛고 스타덤에 오른 최진
실이 주는 〈인간시대〉 주인공으로서의 인간적인 매력"을 들었

다. 최진실도 처음에는 왜 자기를 〈인간시대〉에서 다루고자 하는지 궁금해했으나 곧 대본도 연기 주문도 없는 〈인간시대〉를 매우 편하게(?) 여기며 "본 대로 느낀 대로" 자신을 말해달라고 했던 기억이 난다.

그리고 열흘 남짓, 최진실의 일거수일투족을 좇아 촬영은 진행되었다. 같은 기간, 그녀가 출연하는 영화 〈숲속의 방〉 촬영이 진행되고 있었고, KBS 〈사랑방 중계〉, MBC 〈토요일은 즐거워〉 등의 녹화 일정이 있었다. 사이사이 최진실의 과거와 현재를 엿볼 수 있는 시츄에이션이 자연스럽게 확보되었다. 수제비, 졸업앨범 등 가난했던 시절의 일화는 친구들과의 모임을 통해 간접적으로 표현했다.

당시에 최진실은 계속되는 스케줄로 인해 힘들어보였고, 사람들의 부정적인 시선이나 비판적인 의견에 민감한 모습을 보였던 것으로 기억된다. 정신적으로 육체적으로 쇠약해보였지만 일시적인 현상이고 젊은 나이라 스케줄만 잘 조정되면 회복될 수 있

열흘 남짓, 최진실의
일거수일투족을 좇아
촬영은 진행되었다

어릴 때 꿈이
화가였던 최진실

으려니 생각했다. 그녀가 불면증으로 밤에 잠을 못 이루기도 해 〈인간시대〉 제작진도 낮과 밤이 바뀌기도 했다.

〈인간시대〉 '최진실의 진실'의 마지막 장면은 어릴 때 꿈이 화 가였던 최진실이 화폭을 앞에 두고 그림을 그리는 정경이다. 그 녀는 그림에 소질이 있어, 미술대회 입상 경력도 있고 집안에 습 작 정물화가 걸려 있기도 했다. 바쁜 생활로 한동안 꿈을 잊었다 가 어느 날 붓을 들어보았지만(내심 카메라 앞에서 보란 듯이 그려보 고도 싶었을 것이다) 그림이 뜻대로 그려지지 않자 "엄마, 그림을 못 그리겠어. 너무 슬퍼"라고 하며 눈물을 보였다. 바로 이때 최 진실의 클로즈업에서 화면은 정지되고 시그널과 함께 크레디트 가 올라갔다.

〈인간시대〉 최진실편 방송 이후 연출소감을 묻는 질문에 필자 는 "화려한 스타의 삶은 드러난 만큼 행복하지 않았다. 인기를 얻 는 대신 무엇인가를 잃어간다는 느낌으로 아픈 시간들이 있었다. 어쩌면 스타는 대리만족을 추구하는 현대인들의 '희생양'인지도 모른다"고 말했다(《한겨레》1991년 12월 6일). 또 "스타는 되었지만 자신의 중요한 존재 근거의 하나였던 그림 그리는 법을 잊어버리고 망연하게 '생각이 안 나'라고 말하는 것이 인상 깊었다. 가열한 현실에서 잃어가는 자아와 꿈을 되찾고 내면화하는 것은 최진실에게 주어진 과제다. 〈인간시대〉를 계기로 최진실이 반짝스타가 아닌 진정한 연기자, 성숙한 연기자로 자리 잡게 되기를 바란다"고 답했다(《TV저널》1991년 12월).

방송 직전 부제를 정할 때 '최진실의 진실'과 '신데렐라'를 놓고 고심했던 것이 생각난다. 사실은 '신데렐라'로 하고 싶었으나 너무 냉정한 느낌이 들어 '최진실의 진실'로 정했던 것 같다. 베테랑 작가 박명성의 내레이션은 그녀의 삶에 범상치 않은 의미를 부여했다. 출연자의 유명세에 편승하고 싶지는 않았지만 시청률은 45퍼센트 전후로 공전의 기록을 올려 기획의도의 한 부분을 달성했다. 이 프로그램으로 그녀의 이른바 '헝그리 마케팅'이 끝나고, 연기로 승부하는 진짜 연기자 세계에 들어가지 않았나 생각해본다.

1991년 11월 〈인간시대〉 이후 최진실은 순풍을 탔다. 〈질투〉 〈별은 내 가슴에〉〈편지〉〈약속〉〈그대 그리고 나〉 등 은막과 TV를 가리지 않고 또 엄청난 물량의 CF를 소화하며 1990년대를 그녀의 전성기로 만들었다. 반짝 인기를 얻고 사라지는 단명의 스타가 아닌 호흡이 긴 연기자를 꿈꾸며 김혜자, 고두심 선배처럼 되고 싶다고 했던 소망이 점차 이루어지는 것으로 보였다.《스타》의 저자 에드가 모랭은 "신인은 몸으로 말하고 스타는 영혼으

고두심, 김혜자 선배처럼
되고 싶다던 최진실

로 말한다"고 했는데, 여기서 '몸'을 외피, 즉 마케팅과 홍보라고
하고 '영혼'을 내면 즉 진정성과 연기력이라고 했을 때 그녀는 비
로소 영혼으로 말할 수 있는 단계에 이른 것이다.

내가 제작현장에서 다시 그녀를 만난 것은 1994년 12월 말이
다. 〈인간시대〉는 〈신인간시대〉라는 제목으로 바뀌어 있었는데
이때 신년특집으로 '앞서가는 한국인 50인'이라는 제목으로 분
야별 스타를 조명하게 되었다. 여론조사를 통해 선정한 이 '앞서
가는……'에서 최진실은 안성기와 함께 각각 남녀 연기자 부문
1위를 차지했다. 이 특집 프로그램에서 최진실에 대한 취재는 당
연한 모양새로 내게 주어졌다.

당시 최진실을 영화 〈엄마에게 애인이 생겼어요〉 제작현장에
서 만나 인터뷰했던 것으로 기억된다. 이때 그녀의 분위기는 사
뭇 안정되어 있었고 여유로웠다. 자신이 여자 연기자 1위로 선정
되었다는 것에 짐짓 놀라워하는 제스처도 보였다. 톱스타로서 풍
기는 카리스마도 있었다. 종전 〈인간시대〉에 최진실이 나온다는
것은 기사가 되었는데 이제 〈신인간시대〉에 최진실이 나오는 것

은 기사가 되지 않았다.

그 이후로 최진실은 PD로서 나의 관심에서 벗어났다. 〈인간시대〉와 〈신인간시대〉 이후 내 활동영역이 〈PD수첩〉과 같은 시사고발 프로그램으로 옮겨간 때문도 있지만 일개 교양 PD로서는 이렇다 할 업무상 관련이 없어진 때문일 것이다. 그러던 중 2000년 연하의 프로야구 선수 조성민과의 결혼 소식을 듣게 되었다. 이때 결혼식을 앞두고 최진실이 MBC 교양제작국 사무실로 직접 청첩장을 들고 나를 찾아왔다. 〈인간시대〉의 인연을 그녀도 미쁘게 기억했기 때문일 것이다.

그 결혼 이후의 상황은 수많은 연예저널리즘과 인터넷포털 덕분에 이미 다들 너무도 시시콜콜히 잘 알고 있을 것이다. 이제는 '알 권리'를 넘어 '모를 권리' '알고 싶지 않을 자유'까지 넘나드는 지경에 이르렀다. 그녀에 관한 볼썽사나운 소식이 들려올 때 그래도 한때 〈인간시대〉를 했기 때문인지 남다른 안타까움을 느끼곤 했다. 마침내 그녀는 상처투성이로 이혼했다. IT 강국 한국의 인터넷과 난립한 연예저널리즘은 그 모든 상황을 실시간으로 중계했다.

그녀는 참담하게 상처받았고 처절하게 허물어졌다. 그렇게 연기자로서, 여자로서 망가지는 것일까. 하지만 그녀는 2005년 KBS 〈장밋빛 인생〉으로 재기에 극적으로 성공했다. 앞선 몇 번의 드라마에서 실패했으나 이를 굳세게 딛고 일어섰다. 많은 반대에도 불구하고 그녀를 캐스팅한 PD의 결단이 빛났다. 암에 걸려 시한부 인생을 사는 맹순이 역할을 신들린 듯 처절하게 연기하는 최진실을 보며 나는 자못 귀기鬼氣를 느꼈다.

〈장밋빛 인생〉에서 그녀가 만인의 심금을 울리는 열연을 할 때 필자는 MBC 홍보심의국장으로 있었다. 당시 최진실은 MBC와의 계약 작품 편수가 남아 있는 상태에서 타사의 프로그램에 출연했다. 이는 법률적으로 당연히 계약위반 사항. MBC는 출연금지 가처분 등 소송을 제기했다가 최문순 사장의 결단으로 전격적으로 소를 취하했다. 법적으로는 유리한 상황이지만 이미 드라마가 시작한 상황에서는 출연금지 가처분이 받아들여지는 것이 시청자에게 혼란을 주는 등 적절하지 않다고 판단했던 것이다.

이때 "MBC가 최진실을 세 번 구했다"는 '보도자료'를 비공식적으로 냈던 것이 생각난다. 즉 한 번은 데뷔 초기에 드라마 야외 녹화 도중 불이 난 적이 있는데 MBC오디오맨이 그녀를 업고 나와 생명을 구하고(그는 지금 카메라감독으로 맹활약 하는 김일만이다), 두 번째로는 인기가 소강상태에 있던 1991년에 〈인간시대〉에 출연함으로 해서 그녀의 이미지를 구하고, 세 번째로는 이번 계약위반 소송에서 소를 취하토록 해 그녀를 법적으로 구했다는 내용이었다. 다소 '자가발전'이기는 하지만 그 정도로 최진실과 MBC의 인연은 각별하다고 할 수 있다.

이후 그녀는 2008년 〈내 생애 마지막 스캔들〉을 통해 '친정' MBC에 보은을 했다. 이 드라마에서 그녀는 '줌마렐라'라는 신조어의 주인공이 되었다. 그 옛날 '신데렐라'에서 이제는 '줌마렐라'로, '국민요정'에서 '국민아줌마'가 된 것이다. 최진실은 〈내 생애 마지막 스캔들〉로 올 연말의 MBC 방송대상에서 베스트

커플상을 기대했다고 한다. 또 여세를 몰아 내년 초 〈내 생애 마지막 스캔들2〉의 출연도 검토한 것으로 알려졌다. '별일'이 없었으면 최진실은 17년 전 그녀의 소망대로 연륜과 경험이 우러나는 연기를 하며 우리 곁에 오래 머물러 있었을지도 모른다.

그러나 운명은 최진실에게 그 이상을 허락하지 않은 것 같다. 2008년 가을의 비극이 엄습한 것이다. 지난 9월 초 탤런트 안재환의 자살에서 10월 2일 최진실의 자살까지의 과정을 굳이 상세히 말하고 싶지는 않다. 그녀의 죽음이 알려진 후의 사흘 동안 나는 우울했고 답답했다. 이번 사건에 대한 여러 논의 중에서도 "한국 사회에 내재된 여러 병리현상들이 위험수위를 넘어섰음을 극적으로 보여준다(《한겨레》 10월 4일)"는 진단에 대체적으로 동의한다.

스타를 향한 대중의 동경과 경멸이 여자 연예인에게는 더욱 왜곡되어 투사된다. 톨레랑스 없는 한국 사회에서 이는 더욱 가학적으로 나타난다. 최진실이 데뷔했던 20세기는 아날로그 시대로 그녀는 대중에게 '코리언 드림'과 같이 선망과 동경의 대상이었다. 그때는 인터넷이 없었다. 그러나 21세기 디지털시대에 접어들면서 최진실은 그녀 자신이 인과론적 원인이 된 삶의 기복으로 인해 질시와 공격의 대상이 되었다.

인터넷을 통해 연예저널리즘의 생산과 유통의 회로에 직접 참여할 수 있게 된 대중은 그렇게 최진실의 이미지를 이중적으로 소비하기 시작했다. 소문과 가십은 스타에 관심을 집중시키고 인지도를 높이기도 한다. 에드가 모랭은 "소문과 가십은 스타 시스템을 키우는 플랑크톤"이라고 말한 적이 있다. 그러나 우리가 알다시피 플랑크톤이 지나치게 많으면 물은 부영양화富營養化를 이루고 마침내 썩는다.

그녀의 죽음을 계기로 인터넷실명제와 사이버모욕죄를 골자로 하는 이른바 '최진실법'을 추진하는 이들이 있는 모양이다. 이를 두고 '최진실법'은 인터넷상 표현의 자유를 위축시킬 뿐이며 그보다는 '자살방지법'이 더 필요하다고 주장하는 이들도 있다. 실제로 통계자료를 보면 악플의 수는 그렇게 많지 않다. 그보다는 검증되지 않은 악플을 기사로 만들어 기정사실화하고 확대재생산하는 일부 인터넷저널리즘의 문제가 더 심각해보인다.

17년 전 가을, 나는 〈인간시대〉 PD로서 최진실의 인간적인 면모와 체취를 담기 위해 노심초사했다. 그리고 성숙한 연기자로서 그녀가 오래 남아 있기를 충심으로 소망했다. 특유의 감수성과 섬세함의 소유자였던 그녀는 가끔 불안한 모습을 보이고, 심신이 피곤해 보였다. 카메라 앞에서 출연자의 '무장해제'를 바라는 〈인간시대〉에게는 그것이 진솔한 모습으로 다가온다. 하지만 그것도 잠시, 그녀는 곧장 카메라 앞에 익숙한 연기자 본연의 자세로 돌아가곤 했다.

최진실은 이후에도 오랜 세월을 아마 그렇게 살아갔을 것이다. 강한 모습으로 무장해야만 하고, 남보다 약해 보이면 우스운 꼴을 당하는 정글자본주의의 한국 사회가 아닌가. 그녀를 둘러싼 사채 관련 루머도 한국 자본주의 사회의 천민성 속에 그녀가 포위되어 있음을 역설적으로 보여준다. 그래서 억세게 일을 하고, 돈을 벌고, 관리하고, 또 누구보다 강인하게 살아야만 했을 것이다. 자신의 성姓을 가진 두 아이를 위해서라도…….

2008년 가을날의 신새벽에 그녀가 내린 결정은 그런 모든 것들이 마침내 한계에 부닥쳤을 때 내린 최후의 선택이었는지도 모른다. 그러나 '생떼' 같은 어린 두 아이를 남겨두면서까지 결행해야 했던 행동인지에는 결코 동의할 수 없다. 또 그녀의 가슴속에 담겨 있을 진실의 무게 역시 알 수 없다. 그럼에도 불구하고 동시대를 살아가는 한 사람으로서 그녀의 죽음에 일말의 책무를 느끼며 진심으로 그녀의 명복을 빈다.

문득 시인 존 단의 〈누구를 위하여 종은 울리나〉의 시구가 생각난다. 가로되 "어느 누구의 죽음이든 그것은 나를 줄어들게 한다. 왜냐하면 내가 인류이기 때문이다. 그러니 누구를 위해서 저 종이 울리는지 묻지 말라. 종은 그대의 죽음을 알리기 위하여 울리는 것이니……." 부연하면 이 종은 한국 사회에 울리는 경종警鐘이 아닐까 한다.

(2008)

다큐멘터리는 살아 있다

'명품' 다큐멘터리리 프로그램들이 화제다. EBS 다큐멘터리 역사상 최고의 시청률을 올리며 벌써 재방에 들어간 〈한반도의 공룡〉, 국수 한 그릇에 담긴 문명사를 추적해서 중국, 일본, 이탈리아 등 10개국을 발로 뛰어 생생한 영상으로 담아낸 KBS의 〈누들로드〉, 북극의 광대한 자연을 배경으로 지구온난화 문제를 직접적으로 다룬 MBC의 〈북극의 눈물〉 등이 그것이다.

이들 프로그램은 시청률도 시청률이지만 영상의 호소력과 핍진逼眞함이 예사롭지 않다. 화면에 묻어나는 현장감과 리얼리티가 대단하다. 그래서 시청자들로부터 대단한 반향을 얻고 있다. 실로 다큐멘터리는 살아 있다.

이들 프로그램의 성취는 일단은 상당한 제작기간, 만만치 않은 제작비를 투입한 결과다. 하지만 우리가 알다시피 모든 프로그램이 이것만으로 다 성공을 거두지는 않는다. 시대의 흐름을 읽는 탁월한 기획, 혼신을 다하는 제작진의 열정 그리고 방송의 공익성을 실현하려는 방송사 차원의 결단이 있었다.

또 그동안 우리 방송은 이만한 프로그램을 제작할 수 있는 사람을 키우고 노하우를 축적해왔다. 그 과정에서 시행착오도 없지 않았다. 지구의 기원, 문명사, 온난화 문제 등은 부단히 프로그램을 제작해온 영역이었다. 명품은 하루아침에 주어지지 않는다.

작금 사상 초유의 경제위기가 전 세계를 강타하고 있다. 한국도 예외가 아니다. 방송계에도 절체절명의 시기가 도래했다. 도처에 비용 절감이요 명예퇴직의 도미노다. 구조조정의 칼바람이 목전에 있다. 모두 허리띠를 졸라매고 이 혹독한 겨울이 어서 지나기만을 바라지만 기약이 없어 보인다.

그러한 가운데 이들 명품 다큐멘터리는 방송이 무엇을 해야 하느냐를 잘 보여주고 있다. 그것은 즉 방송에는 무엇보다 사람에 대한 투자가 중요하며, 방송사는 프로그램을 잘 만드는 게 가장 으뜸이라는 본령이라는 것이다.

어려운 때일수록 정도正道를 가야 한다. 이 엄혹한 시대에 방송은 고단한 일상을 살아가는 국민들에게 희망과 용기를 주고 자신의 삶을 성찰할 수 있도록 해야 한다. 방송이 할 일은 시청자에게 좋은 콘텐츠를 제공하는 것이다. 방송사의 조직과 경영은 이를 달성할 수 있도록 지향점이 분명히 서야 한다.

최근의 우리 방송사가 처한 실존적 고뇌를 모르는 것은 아니로되 본말이 전도되어서는 안 된다. 방송사 조직도 유기체로서 생존해야 하지만 모든 생명에는 목적이 있어야 하기 때문이다. 경제가 어렵다고 프로그램에 대한 투자가 위축되어서는 안 된다. 명품 다큐멘터리가 이 같은 동력을 추동하는 견인차가 되기를 바란다.

(2008)

베이징 피자의 '나비효과'

최근 들어 우리나라의 중소 피
자가게가 문을 닫는다는 보도가 있었다. 이유인즉슨 중국인들이
피자를 좋아하기 때문이라고 한다. 아니, 중국인들이 피자를 좋
아하는 것과 우리나라의 피자가게가 무슨 상관이란 말인가. 베이
징의 나비가 날개를 펄럭이면 뉴욕에서 폭풍이 분다는 '나비효
과' 얘기는 들어봤어도 이것은 도대체 웬 말인가.

다름이 아니라 중국인들의 피자 소비가 늘면서 피자의 주요
원료인 치즈의 국제가격이 엄청 올랐기 때문이라고 한다. 그러자
국내 중소 피자가게들이 이를 견디지 못하고 폐업을 하는 것이
다. 대형 피자가게는 버틸 수 있지만 규모가 작은 가게들은 도저
히 채산이 맞지 않는다는 얘기다. 이탈리아에 피자 유학을 다녀
온 주방장들이 선보이는 다양하고 맛깔스런 피자를 이제 갈수록
맛보기가 힘들게 되었다.

6년 전 필자가 베이징에서 한동안 체류하고 있을 때 왕푸징, 시단 등 번화가에 '피자00'와 같은 체인점이 들어서고 있었다. 그리고 한국계 피자 상표인 '000피자'도 상륙해 나름대로 선전·분투하고 있었다. 배달 서비스가 아직 익숙하지 않은 중국에서 가가호호 배달하는 상술은 선풍을 일으키고 있었으나 아직 중국인의 입맛을 파고들지는 못한 상태였다. 그 이후 몇 년이 지나지 않아 중국인들의 소득 상승, 서구적 소비에 대한 동경 등이 어우러져 중국인들의 피자 소비가 대폭 늘어난 것이다.

　피자뿐이 아니다. 중국인들이 참치회 맛을 알게 되면서 일본인의 식탁에서 참치가 사라지게 되었다는 소식도 있다. 중국인들에게는 날 생선을 먹는 버릇이 없어서 참치회 판매가 초반에는 부진했다고 한다. 그러나 선부론先富論에 의해 먼저 부자가 된 중국인들의 소비 생활 변화와 알게 모르게 중국인들 사이에서 작용하는 일본에 대한 선망으로 중국인들이 점차 참치회 맛을 알게 된 것으로 보인다. 중국인들의 탐식으로 인해 그동안 즐겨 먹던 참치를 못 먹게 된 일본인들이 작금의 상황에 어떤 반응을 보일지 궁금하다.

　중국인들은 피자, 참치에 이어 쇠고기 스테이크의 참맛도 누리고 있다. 중국의 대도시에서 잘 차려입은 선남선녀가 스테이크를 먹는 장면을 보는 것은 이제 어렵지 않다. 양고기, 돼지고기가 아닌 쇠고기 스테이크를 즐기는 여피족 같은 중국인들이 늘어나고 있는 것이다. 다음번에 이들은 더 윤택하고 풍성한 식단을 추구할 것이다.

중국은 1990년대에 원바오溫飽(배불리 먹을 수 있는 수준) 단계를 졸업했다. 그리고 2020년까지 필요한 물건을 웬만큼 다 갖추고 취미생활을 즐기는 샤오캉小康(여유로운 생활수준) 단계를 지향하고 있다. 대국굴기大國崛起를 추구하는 중국의 실상은 중국인들의 급상승하는 소비수준에서 여실히 드러나고 있다. 세계적인 불경기에도 불구하고 중국은 지속적인 고도성장을 구가하고 있는 중이다.

문제는 중국인의 소비상승이 먹거리로 끝나지 않을 것이라는데 있다. 〈북경자전거〉라는 영화가 나올 정도로 자전거는 중국인들에게 분신처럼 애용되는 교통수단이다. 그러나 이제 중국의 대도시에서는 자전거보다 자동차를 이용하는 사람이 더 많다. 천안문광장 앞길을 메우던 자전거 파도는 승용차로 대체되고 있다. 그런데 그 자동차의 연료인 기름은 다 어디에서 오는 것이며 그 자동차가 운행하면서 내뿜는 매연은 다 어디로 가는 것인가.

누군가 "인류 역사상 이렇게 많은 인구를 가진 나라의 경제력이 빠르게 성장한 것은 처음 있는 일"이라고 말했다. 처음에 우리나라는 거대한 중국 시장을 지척에 두고 있어 경제적으로 호기라고만 생각했다. 그러나 피자에서 참치, 쇠고기 스테이크 값의 상승 그리고 자동차 매연, 중금속으로 오염된 황사 문제에 이르기까지 중국의 경제발전에 따른 구체적인 문제가 다가오면서 인식이 달라지고 있다. 자칫 전 지구적인 문제가 될 수도 있다는 생각이 든다. 이미 중국보다 앞서 간 나라들은 물질 위주 과잉소비의 후유증으로 환경 파괴와 자원낭비 문제를 겪고 있다. 그런데 이들이 겪었던 고통을 이제 비로소 경제발전의 달콤한 과실을 누리고 있는 중국인들에게 얘기해봐야 먹히지 않을 것이다. 그들에게는 시간이 필요하다.

(2008)

분열의 전조인가 또다시 봉합인가
- 티베트 사태를 보며

"중국 정부의 소수민족 지역에 대한 보조와 우대정책으로 국경과 소수민족 지역의 경제는 신속히 발전하였고 인민들의 생활도 매우 크게 개선되었다. …… 그러나 부분적으로 일부 지역의 민족분열주의 활동은 아직도 창궐하고 있다. 주요하게는 시짱西藏과 신장新疆 2개 지역으로 표현된다. 달라이라마 집단은 외국에 망명정부를 수립하여 중국을 '분열'시키는 외국의 중국 반대 세력의 도구가 되었으며 이는 티베트 민족분열주의의 근원이다. 달라이라마는 '인권 문제'와 '티베트 문제'를 가지고 중국 정부를 공격하고 '티베트 문제의 국제화'를 시도하고 있으며 최종적으로 티베트의 독립을 실현하려 하고 있다"

이 글은 중국이 건국 50주년을 맞아 향후 중국군이 나아가야 할 방향과 지표를 제시한《당대 세계군사와 중국국방》이라는 책

에서 인용한 것이다. 중국 중앙군사위원회 부주석 장완니엔張万
年 상장上將이 주필이 되어 편찬한 이 책은 2000년 초 베이징에서
나왔고, 우리나라에서는《중국 인민해방군의 21세기 세계군사와
중국국방》이라는 제목으로 번역되어 2002년에 발행되었다. 중국
군 고급장교의 학습교재로도 사용된다는 이 책에 기술된 내용은
티베트 문제에 관한 중국의 관점을 잘 알 수 있다. 역병疫病에나
어울릴 '창궐'이라는 말을 쓴 것이 눈길을 끈다.

최근 유혈사태로 얼룩진 티베트 사태의 뿌리가 어디에 있는지
를 이 책은 잘 보여준다. 군 내부용이라는 것을 감안하더라도《당
대 세계군사와 중국국방》에는 어떻게 해서 티베트 문제가 발생
하게 되었는지에 대한 성찰이 전혀 없다. 티베트인들이 왜 중국
체제에 저항하고 분노하는지 역사적 배경에 대한 인식이 근본적
으로 없는 것이다. 1950년 초 마오쩌둥은 "시짱은 인구가 많지 않
으나 지정학적인 위치가 중요하니 반드시 점령하여 개조해야 한
다"고 선언했다. 그리고 인민해방군을 투입해 강제합병했다. 이
후 중국은 지속적으로 한족을 이주시켜 장족藏族들의 인구비율
을 낮추고 상권을 장악하였으며 '하나의 중국'을 강요했다. 최근
에는 칭장철도를 개통하여 경제적·사회적 영향력을 강화했다.

이번 사태는 지난 58여 년에 걸친 억압에 대한 티베트인들의
반발이 터져 나온 것이다. 국운을 걸고 베이징 올림픽을 준비하며
세계의 이목을 의식하지 않을 수 없는 중국의 의표를 찔렀다. 하
지만 중국은 티베트도 올림픽도 포기하지 않을 것이다. 중국 당국
은 이번 시위가 한마디로 분열주의자의 조종에 의한 것으로 보고

있다. "군중을 미혹시키고 세력화하며 또 민족분열주의자들이 분규를 일으키도록 종용하고 시장의 안정을 파괴하고 있다"는 인민해방군의 입장은 이번 사태에도 일관되게 적용되었다. 자발적 협조인지 당국의 통제인지 중국 언론은 초기 티베트 문제에 침묵했다. 국제사회의 따가운 눈총 탓에 나중에는 보도를 하긴 했어도 시위 군중의 폭력성을 부각하는 화면을 주로 내보냈다.

92퍼센트에 달하는 한족漢族과 55개 소수민족으로 구성된 다민족국가, 그러면서도 일사불란한 통제국가를 유지하는 중국으로서는 어느 한쪽에서라도 분열과 붕괴의 조짐이 발생하는 것을 용인할 수 없다. 이 광대한 영토와 엄청난 인구를 유지하는 것은 현대 중국 링다오領導(지도자)들에게 주어진 제일 중요한 임무다. 역사를 왜곡하고 학문을 동원해서라도 변강邊疆을 유지해야 한다. 그런가 하면 영화 〈색, 계〉의 파격적인 정사신에 놀라 애꿎은 탕웨이를 출연금지시킨다. 이는 사상과 문화의 변강을 유지하려 함이다.

티베트 사태에 세계 각국은 중국의 눈치를 보며 국익을 계산하느라 바쁘다. 처음에는 '올림픽 불참'을 말하다 다음에는 '개막식 보이콧'으로 바뀌었다. 아마도 나중에는 모두 표정관리를 하며 슬며시 베이징 올림픽 주경기장 '냐오챠오鳥巢(새둥지)'로 몰려올지 모른다. 통합과 분열의 역사를 반복·순환해온 중국사를 돌이켜볼 때 중화인민공화국의 봉합縫合이 영원무변할 수는 없다는 것은 명백하다. 티베트 사태는 분열의 전조前兆일까 아니면 스쳐지나가는 미풍일까. (2008)

베이징 올림픽과 혐한류

베이징 올림픽이 성대히 끝
났다. 중국은 지난 2001년 올림픽 유치 성공 이후 7년 동안 국운
을 걸고 올림픽 준비에 심혈을 기울였다. 티베트 사태, 쓰촨성 지
진 등의 악재가 있었고 올림픽 기간 중에도 일부 잡음과 문제가
없었던 것은 아니지만 비교적 좋은 평가를 받은 것으로 보인다.
중화민족의 영광을 재현하고 과시하기 위해 개·폐막식에 쏟아 부
은 그들의 대대적인 노력은 세계를 놀라게 하기에 충분했다. 경기
결과에서도 중국 선수단은 미국을 제치고 금메달과 전체 메달 수
에서 1위를 차지했다.

우리 선수단도 목표를 달성하고 선전·분투했다. 선수들의 낭
보는 2008년 8월, 무더위와 정치적 상황에 찌들어 있던 국민들에
게 뿌듯함을 안겨주었다. 하지만 베이징 올림픽은 우리 국민들에
게 자못 심각한 과제를 남겼다. 올림픽 기간 중 중국인들이 보인

'혐한류嫌韓流'가 그것이다. 상당수의 중국 관중들은 자국 선수와의 대결은 물론 한국과 제3국과의 경기에서도 한국 선수단에 야유를 보내고 상대방을 응원했다고 한다. 일반적인 짐작으로 우리나라가 미국이나 일본과 경기할 때는 중국인들의 반응이 좀 다르지 않을까 했는데 이때도 마찬가지였다는 것이다.

어쩌다가 중국인들에게 미국과의 경쟁심리나 역사적으로 뿌리가 깊은 반일정서마저 넘어설 정도로 혐한감정이 심해졌는지 참으로 딱하다. 작금 여러 전문가들에 의한 분석이 무성하다. 올림픽 개최 전 국내 성화봉송에서의 폭력사태와 이에 대한 한국 당국의 대처, 지진 사태 이후 일부 한국 네티즌의 악플, 모 방송사의 개막식 사전 누설 사건 등 여러 원인들이 제기되고 있다.

그런데 그보다는 최근 몇 년 사이 누적된 중국인들의 불만이 올림픽을 계기로 터져 나온 것이라는 지적이 더 유력해보인다. 사실 그동안 한국은 산업화를 다소 먼저 이루었다고 경제발전에서 뒤처진 중국을 비하해온 측면이 있다. 그러나 개혁개방 이후 중국의 경제력은 일취월장, 가히 세계의 공장이자 세계의 시장이 되었다. 이렇듯 중국이 변한 지 오래인데 한국인들은 과거의 시각으로 중국을 우습게 여기고 있다.

돌이켜보면 중국은 1840년 아편전쟁 이후 근대사의 오랜 수모를 딛고 마침내 세계 강국으로 우뚝 자라났다. 이들의 욱일승천하는 자부심은 여전히 더럽고 추한 이미지로 중국을 대하는 한국을 더 이상 용납하지 않으려는 것으로 보인다. 한때 경제발전의 모델로 삼은 한국이 고비용 저효율의 정치구조에서 주춤거리는 모습을 보이자 한국에 대한 선망이나 경의도 사라졌다.

상황이 심상치 않자 모 언론에서는 한국인이 중국인에게 '겸손하고 따뜻한 마음으로 다가가기'라는 '겸따마다' 운동을 시작하기에 이르렀다. 혐한류는 상당 부분 우리 국민들이 빌미를 제공한 것이라는 반성에서 나온 것으로 보인다. 경제적으로 대중국 의존도는 날로 높아가고 한반도 정세에서 중국의 위상은 더욱 중요해졌다. 이러한 상황에서 혐한류를 초기에 관리하지 못할 경우 돌이킬 수 없는 재앙이 될 수도 있다. 정말 더 늦기 전에 '겸따마다'를 하는 것이 필요하다.

그러나 중국은 정치적·경제적 힘을 확보할수록 주변 국가에 대한 패권을 행사할 가능성이 높다. 지나온 역사가 이를 입증하고 있다. 2002년 월드컵 때 한국이 돌연 4강에 들자 도저히 이를 인정하고 싶지 않아 폄하했던 것에서 보듯 대국답지 않은 협량함도 가지고 있다. '겸따마다' 이전에 중국의 이런 실체를 직시하고 한국의 실력을 키우는 것이 더 중요할 것이다. 명실상부한 세계의 패권국가 미국, 갈수록 우경화하는 일본, 중화의 영광을 재현하려는 중국. 동북아에서 강대국의 대립과 격돌은 그 수위가 점점 높아지고 있다. 한국의 지정학적 숙명이 참으로 고약하다.

(2008)

동아시아는 다큐멘터리의 보고

제7회 동아시아피디포럼(중국 천진 2007년 9월 12일~16일)

다큐멘터리 부문 심사평(심사위원장: 한국 MBC 정길화)

한중일 3개국의 방송프로듀서들이 참가하는 동아시아피디포럼은 올해로 7회째다. 2001년 11월 부산-하카다 간 운항 중인 페리호 안에서 열린 제1회 대회 이후 연년세세 뚜벅뚜벅 개최되어 올해 텐진 대회에 이르렀다. 한국 부산에서 출발한 한중일 3개국 방송피디들 간의 대화와 교류의 배는 부산에서 출발해 하카다를 거쳐 일본 쓰시마, 한국 제주도, 중국 양저우, 일본 도쿄, 한국 광주를 돌아 이제 텐진에 기항해 닻을 내린 것이다.

동아시아포럼에
참가한 필자

본인은 이 피디포럼에 참여한 지 3번째다. 2003년 제3회 제주 대회, 2004년 제4회 중국 양저우 대회 그리고 이번이다. 해를 거듭할수록 포럼이 발전하고 있어 기쁘다. 동아시아 방송문화의 창달과 발전을 이룰 수 있는 유익한 기회라고 생각하며 감사드린다.

이번 2007년 포럼의 주제는 올림픽 정신과 TV프로듀서의 책임이다. 그중에서도 보통사람의 삶, 환경 그리고 청소년과 어린이에 대한 관심을 표방하고 있다. 다큐멘터리 부문의 테마는 자연환경 보존, 사회환경 개선 그리고 문화유산에 대한 중시다. 출품작을 보면 이번에 한중일 3개국에서 2편씩 모두 6편을 출품했다. 6편을 크게 나누면 두 가지로 대별된다. 각 3편씩 인간과 자연 그리고 역사와 인간으로 나누어볼 수 있다.

'인간과 자연'을 다룬 작품은 공교롭게도 모두 동물이 소재다. 일본 NHK의 〈학이 집으로 돌아오다〉, 중국 다롄 방송의 〈농부와 야생오리〉 그리고 한국 EBS의 〈시베리아 호랑이 3대의 죽음〉이 그것이다. 모두 인간과 자연의 얘기를 하고 있고, 환경문제를 다루고 있는 공통점이 있다. 자연과 인간의 공존에 대한 심도 있는 문제제기를 하고 있다.

또 하나는 말씀드렸다시피 '역사와 인간'의 범주에 드는데, 모두 사람 이야기를 하고 있다. 일본 난카이 방송의 〈지붕이 있는 다리 마을, 신록을 가다〉와 중국 CCTV의 〈장강을 다시 말한다〉 그리고 한국의 지역방송인 KBC와 JTV에서 만든 휴먼다큐멘터리 〈TV 에세이─고향사람들〉 등 3편이다. 이들 프로그램은 한 세기 전 메이지 시대에 만들어진 '지붕 있는 다리'를 소재로 한 것, 20년 전에 방송된 장강 다큐멘터리를 다시 만든 것, 27년 전 광주민중항쟁이나 장애인의 삶을 소재로 하고 있다. 시간을 넘어 세월을 넘어 사람들의 진솔한 모습과 삶을 탐구하는 작품들이다.

'인간과 자연' 범주의 프로그램들은 모두 스케일이 크고 제작기간도 길다. 주제의식이 만만치 않고 환경문제의 중요성을 완성도 높게 그리고 있다. '역사와 인간' 범주의 프로그램들은 형식의 다양성과 자유로움이 돋보인다. 지나간 세월에 대한 추억과 응시, 향수와 성찰이 느껴지는 작품들이었다. 이들 프로그램을 보면서 개인적으로 많이 배울 수 있어 고맙게 생각한다.

작품 시사는 3개국 다큐멘터리 피디들이 모인 가운데 진지한 분위기에서 이루어졌다.

토론 과정에서는 연출자가 직접 프로그램에 대해 설명하고 이에 대해 질의·응답을 하는 등 경청과 존중이 오고 갔다.

심사는 중국 SMG 다큐채널 총감독 임치밍 선생, 일본 방송인회 대표간사 스토무 콘노 선생 그리고 제가 심사위원장을 맡았다. 저는 이분들과 함께 심사하고 토론한 것을 기쁘게 생각한다. 심사 및 토론 과정에서 자연다큐멘터리의 방법으로 개입하지 않고 관찰하는 것이 적절한가, 적극적으로 개입해 복원까지 하는 것이 적절한가 혹은 철저히 추적해서 고발하는 방법이 적절한가에 대한 토론이 이루어졌고, 바람직한 다큐멘터리의 형식에 대한 토론도 있었다. 토론에 비해 각국별 최우수 작품상에 대한 선정은 의외로 쉽게 이루어졌다.

최우수작품상은 만장일치로 정해졌음을 알린다.

다큐멘터리는 시대정신이다. 다큐멘터리는 1차적으로 기록을 의미하지만 단순히 여기에 머무르지 않고 이를 토대로 현실을 성찰하고 미래의 방향을 모색하는 의미 있는 장르라고 본인은 생각한다. 특히 이 자리에 동아시아 한중일 3개국의 프로듀서들이 모여 있음을 생각할 때 다큐멘터리의 의미는 더욱 소중해지고 각별해진다.

동아시아는 다큐멘터리 소재의 보고寶庫다. 글자 그대로 보물창고라는 얘기다. 또 동아시아는 이 지역의 공존과 평화, 번영을 위해 다큐멘터리로 다루어야 할 주제가 많다. 그런 소재와 주제들이 우리 피디들을 기다리고 있다. PD 정신, 다큐멘터리 정신이 가장 필요한 곳이 바로 동아시아다. 오늘 이 포럼을 계기로 동아시아 피디들끼리 대화하고 토론하며 서로의 작품세계를 넓히고 교류하는 뜻있는 기회가 되기를 바란다.

다시 한 번 성원에 감사드린다. 올해 행사는 전반적으로 유익

했고 진지했다고 총평을 내릴 수 있다. 기본적으로 이 동아시아 피디포럼이 갖는 유의미성은 일정하게 평가를 해야 한다. 유례없는 격렬한 역사와 첨예한 현실 그리고 불확실한 미래가 부딪치는 곳이 동아시아 지역이다. 이 지역의 방송피디들이 모여서 대화하고 토론하는 것의 의의는 매우 크다. 문제의 해결은 문제의 인식에서 출발하기 때문이다.

(2007)

탕산 대지진과 진성호 사건

1976년 7월 28일 인구 70만 명의 탕산唐山시는 중국 역사상 최악의 지진으로 완전히 초토화되었다. 이로 말미암아 약 50만 명의 사상자가 발생한 것으로 알려졌다. 그런데 그런 참변 속에 놓인 시민들의 행동 모습을 담은 세계 보도진들의 뉴스는 전 세계에 진한 감동을 주었다(리영희, 〈탕산 시민을 위한 애도사〉). 압권은 현장을 목격한 주중 일본대사가 귀국한 뒤 쓴 후일담이다.

땅은 흔들리고 건물은 계속 허물어진다. 화재는 연옥 같이 건물을 태워나간다. 그런 속에서도 중국인들은 난동을 부리거나 남을 해치는 일이 없다. 진동과 파괴와 화재가 계속되는 동안 불행한 이웃을 위해 달려 나가고, 자신의 위험을 무릅쓰는 행동은 바로 자기 가족을 위하는 것과 같아 보였다. …… 나는 큰 충격과 감동 속에 말없이 숙연하게 서 있을 뿐이었다(재인용).

리영희 선생은 이 글에서 몇 달 뒤 뉴욕에서 발생한 12시간의 정전사태와 탕산 대지진 때의 모습을 비교했다. 뉴욕에 정전이 엄습했을 때 다른 사람이 자기의 얼굴을 알아볼 수 없다는 생각을 가진 많은 사람들이 밖으로 뛰쳐나와 약탈·파괴·방화·강간·난동을 부렸는데, 그것이 바로 '연옥'의 참상이었다는 것이다.

탕산과 뉴욕의 차이는 동양과 서양의 차이인지, 중국과 미국의 차이인지, 사회주의와 자본주의의 차이인지 리영희 선생은 단정하지 않았다. 다만 그 이후 개혁개방에 나선 중국이 코카콜라에 맛을 들이고 미국식의 물질적 풍요를 탐닉하고 있음을 개탄하고 있을 따름이다. 그래서 제목이 〈탕산 시민을 위한 애도사〉다. 자본주의로 가는 중국이 범죄와 인간 소외, 타락과 부패로 빠지고 있음을 슬퍼한 것이다. 1988년에 쓴 글이다.

30년 전에 있었던 탕산 대지진과 이에 관한 리영희 선생의 글을 길게 떠올리는 이유는 무엇인가. 짐작대로 그럴 만한 일이 있다. 지난 5월 12일 새벽 3시 5분(한국시각은 4시 5분)께 중국 보하이渤海만 해역에서 제주 선적 3800톤급 화물선 '골든로즈호'가 중국배 4000톤급 화물선 '진성金盛호'와 충돌·침몰하면서 한국인 7명을 포함한 선원 16명이 실종됐다. 참으로 안타까운 소식이다. 그 뒤로 지금(21일 오전)까지 실종자의 생사는 알 수 없고 배도 시신도 수습되지 않고 있다. 먼저 희생자의 명복을 빈다.

한국 언론은 사건 직후부터 숨 가쁘게 각종 뉴스를 토해냈다.

'진성호'의 '뺑소니' 의혹을 필두로 '늑장신고'와 '발뺌'에 대한 비난이 그것이다. 한국 언론의 각종 의혹제기에 유감을 표명하던 중국 당국도 마침내 지난 16일 "마음 아프고 유감스럽게 생각하며, 실종자와 그 가족들에게 위로의 뜻을 표한다"고 말했다. 해상 사고가 나면 즉시 신고하는 것이 정상이지만 이번에는 확실히 예외였다며 '진성호'의 잘못을 인정한 것이다.

현재까지의 보도만으로 이 사건의 진상을 판단하기는 아직 이르다. 수색 과정에서 항공기의 블랙박스와 같은 조난신호자동발신장치EPIRB 등이 나오면 충돌에서 침몰까지의 경위도 정확히 파악할 수 있을 것이다. 우리 외교부가 현재로서는 사실관계 확인이 우선이라며 신중을 견지하는 것은 일단 필요한 자세라고 본다. 사건 직후의 상황을 들여다보면 한국 측도 잘한 것이 별로 없다. 지각수습에 늑장대응이었다. 사고가 발생한 지 21시간이 지나서야 대책본부가 꾸려진 것이 단적인 예다.

앞으로 좀더 지켜봐야겠지만 '진성호'가 사고 직후 지연신고를 한 것이 가장 큰 논란이 될 것으로 보인다. '진성호'의 선원들은 왜 그랬을까. 정녕 사고 당일 짙은 해무 속에 "배가 부딪친 것을 몰랐다가 항구에 도착해 배의 파손을 목격한 뒤에야 충돌사실을 알고 해사국에 신고" 했던 것일까. 중국 관영 신화통신은, 옌타이 해사국이 신고를 받은 시간은 사고 뒤 7시간이 지난 12일 오전 11시 40분, '진성호'의 다롄항 입항 시간은 오후 2시 50분이라고 보도했다. 따라서 입항 뒤 선체의 파손을 발견하고 신고했다는 주장은 사실관계에서부터 앞뒤가 맞지 않는다(《중앙일보》).

아직은 진상을 모른다. 어쩌면 선원들의 말이 액면 그대로 맞을 수도 있다. 경미한 사고인 줄 알았다가 날이 밝고 보니 엄청난 대형 참사가 터진 것을 알고 놀란 마음에 거짓말을 하는 것일 수도 있다. 최악의 시나리오로는 충돌 과정에서 '진성호'에 과실이 있어 이를 은폐하려고 한다는 추측도 가능하다. 그래도 자신들이 돌보지 않으면 죽음에 이를 수밖에 없는 빈사의 심야 해상조난자를 두고 가버린 저간의 행위를 이해하기는 쉽지 않다. '설마 그렇게까지야 했겠느냐'는 인간에 대한 마지막 믿음 때문이다.

결말이 어떻게 나더라도 이를 중국이나 중국인 전체로 섣불리 확대해석할 일은 아니다. 그래 봤자 13억 인구에 영점 몇 퍼센트도 안 되는 '진성호' 선원들이다. 필자가 일찍이 말했듯 '중국은' 혹은 '중국인은'이라고 시작하는 문장은 뒤에 어떻게 서술부가 오더라도 확률적으로 모두 맞는 말이며, 또 동시에 지금 이 순간에도 중국은 쉼 없이 변하고 있기 때문에 모두 틀린 말이기도 하다(졸저《3인 3색 중국기》서문).

그래도 제비 한 마리로 봄이 왔음을 우리는 안다. 이번 '진성호' 선원들의 행태는 중국이 개혁개방과 선부론 이후 시장경제를 발판으로 대국굴기大國崛起로 질주하는 가운데 대다수 평범한 인민들의 의식구조에서 나타나는 어떤 변화를 상징하는 것은 아닌지 걱정된다. 그리고 보니 '돈이 많다, 황금이 많다'는 '진성호金盛號'의 이름은 현대 중국이 지향하는 가치를 강하게 시사하는 것도 같다. 그렇다면 '골든로즈호'는 한국의 잃어버린 장밋빛 꿈인가?

이미 추진동력에 가속도가 붙은 거대 '중국호'는 항로에 장애물이 있으면 치고받아버리며 그 와중에 누가 조난당하더라도 알 바 없이 제 갈 길로 가겠다는 것인가. 자못 염려스럽고 어쩐지 불편해진다. 과장되었을지도 모를 여러 허점에도 불구하고 30년 전 탕산시의 아름다운 그 신화를 애써 간직하고 싶은 소이도 바로 여기에 있다. '탕산 신화' 속의 중국은 정녕 사라졌는가. 원래부터 없었는가. 이제 우리는 〈탕산 시민을 위한 애도사〉가 아니라 〈진성호를 위한 애도사〉를 곡哭할 때인가, 아니면 〈진성호격문 檄文〉을 토討할 때인가.

(2007)

'승희 조 사건'의 수업료

설마 설마 했는데 버지니아공대 32명 학살 사건의 범인이 한국인 1.5세 대학생으로 드러났다. 참으로 난감하고 당황스런 심정은 한국인이라면 대부분 가질 수밖에 없었을 것이다. 한국인들은 하인즈 워드에 열광하고 박찬호 선수의 활약상에 긍부를 가졌던 것과 꼭 같이 이 사건에 반응했다. 그것이 '일반화의 오류'든 '나이브한 민족주의'든 많은 한국인들이 사고하고 행위하는 방식임은 부인할 수 없다. 토플 대란이 일어나고 집집마다 몇 다리 건너지 않아 어떻게든 미국과 관련을 맺고 있는 21세기 한국인의 삶의 조건에서는 특히 그렇다. 그저 송구스럽고 미안한 것이다.

그러다보니 주미 한국대사가 했다는 '사죄apology' 발언도 이해는 간다. 현지의 추도모임에서(미국인들도 참석한) 거의 자발적으로 우러나서 한 말이었을 것이라 믿는다. 그것이 '특명전권대사'로서 적절한 발언이라고 생각할 수는 없지만 사건 직후 창졸 간의 참담함 속에서 그런 표현을 한 것이 심정적으로는 이해가 간다는 것이다. 물론 그가 한국의 라디오 시사프로그램에 출연해 "미안하다We feel vey sorry라고 했을 뿐 사죄한 적은 없으며 그것 은 번역상 문제"라고 '거짓말'을 했던 것까지 수긍의 대상이 될 수는 없다. 주미대사가 한 발언과 처신의 부적절성은 여러 경로 로 지적되고 있어 더 이상 말하지는 않겠다.

정작 미국의 언론은 한국에게 더 이상 사과하지 말라고 한다. 한국인들로부터 터져 나오는 '사과의 홍수'에 오히려 당황했다고 나 할까. 《필라델피아 인콰이어러》는 '한국에게 보내는 편지'라 는 제목의 사설에서 "버지니아공대 총기 난사 사건은 한국인의 잘못이 아니다. 잘못이 있다면 이민자를 제대로 돌보지 못한 미 국에 있다"고 짚고 "제발 사과를 멈춰달라. 당신들의 잘못이 아 니다"라고 썼다.

개인주의가 발달한 미국에서 그들은 개인의 문제를 국민 혹은 민족 전체의 문제로 받아들이는 한국적 방식이 낯선 것일까. 혹 은 한인 이민사회에 대한 보복을 우려하는 한국인들의 심리를 알 아차리고 이를 불편해하는 것일까. 실제로 《필라델피아 인콰이 어러》의 사설은 "우리는 당신들이 미국 내 한인들에게 오도된 역 작misdirected backlash이 있을 것이라 걱정하는 데 대해선 실망했 다. 대부분의 미국인은 미국이 그보다는 나은 사회라고 생각하고 있다"고 말하고 있다. 미국인들이 정말로 하고 싶은 말은 바로 이 것인지도 모른다.

일부 한국인들이 미리 겁먹고 '과공'한 측면이 없지는 않을 것이다. 지난날 봉건시대 때 동헌에서 "네 죄를 네가 알렸다"는 서슬에 놀라 수령 앞에 고두사죄하며 있는 일 없는 일을 죄다 이실직고하던 무지렁이 백성의 모습을 떠올렸다면 너무 심한 표현일까. 그러나 이는 한국인의 이심전심 자구적인 방어의식의 일환이랄 수도 있다. 미국인들도 인정하고 있듯 2차대전 당시 미국에 있던 일본계 이민자들이 받은 오해와 고통, 9.11 이후 아랍계 이민자와 유학생들이 받은 편견과 부당한 대우 등 엄연한 역사적 사실을 생각하면 한국인들의 반응이 그렇게 근거 없는 것은 아니었다고 본다.

대부분의 미국인이 생각하는 것처럼 '미국이 (한국인들이 우려하는 것보다는) 나은 사회'라는 것을 여전히 확신할 수 없다. 멀리 갈 것도 없이 15년 전 로드니 킹 사건 이후 이것이 미국 사회에서 어떻게 한흑 간 인종갈등으로 비화되었는지를 우리들은 생생하게 기억하고 있다. 한인 이민사회가 '승희 조 사건' 이후 이로 인해 증오범죄를 당하고 차별을 받거나, 향후 한국 유학생들의 미국 입국이 까다로워지고 나아가 비자면제 협정체결에까지 영향을 줄지 모른다고 생각하는 것은 그동안의 경험으로 볼 때 충분히 가능한 우려였다고 본다. 정녕 기우로 끝났으면 좋으련만 그것이 완전히 해소되었다고 보기도 어렵다.

미국인들이 이번 사건과 관련하여 총기 소지의 자유를 보장한 수정헌법 제2조의 문제점을 진지하게 토론하고 소수자에 대한 배려가 부족하지 않았는지 진심으로 반성한다면 아름다운 일이다. 그것이 바로 미국 사회의 저력이고 선진사회의 미덕일 것이다. 한편 재미 한인사회는 이민 커뮤니티에 만연해 있는 가족구성원 간 소통의 부재 그리고 좋은 대학만 가면 된다는 학벌만능주의나 결과지상주의를 직시하고 성찰해야 할 것이다.

부디 제2, 제3의 승희 조 사건이 한인을 포함한 소수 이민사회는 물론 미국 내 주류사회에서도 나오지 않기를 바란다. 《필라델피아 인콰이어러》의 말처럼 "미국 역사는 젊고 아직도 배우는 중"이다. 그리고 한인사회의 역사는 더욱 짧다. 배울 것이 더 많은 것이다. 그런데 그 수업료가 너무나 참담하고 가혹하다.

(2007)

중국발 황사테러?

　　'봄의 불청객' 황사가 한국에 몰려왔다. 공교롭게 주말을 끼고 기습을 해 봄맞이 나들이를 준비하던 사람들의 당황과 불만이 컸다. 나는 요즘 일요일이면 한강변 둔치에 조성된 길을 따라 20여 킬로미터씩 5시간 남짓 걷는 도보운동을 즐기는데 황사 통에 포기하고 말았다. 황사전용 마스크가 나왔다지만 어쩐지 미심쩍다. 게다가 여러 시간을 그렇게 하고 걸어다닐 엄두가 나지 않았다. 일부 지역에서는 임시휴교를 하기도 했는데 황사 전후의 시가지 풍경을 비교해서 보여주는 뉴스를 보니 기가 질렸다.

　　이렇듯 봄이면 어김없이 황사가 들이닥친다. 우리나라 황사 발생일은 1973년 이후 연평균 3.6일이며 계속 증가하는 추세라고 한다. 지난해에는 무려 10일이 넘었다. 한국에 많은 양의 황사가 몰려온 것은 2002년 4월로 기억된다. 당시 필자는 공교롭게도 중국 베이징 지역을 답사 중이었는데 정말 대낮에 사위가 깜깜해지는 모습을 보았다. 얼굴에 두건을 차도르처럼 휘감고 다니는 여인들과 새까매진 차창을 현지에서 직접 목도했다. 항공기가 제때 이착륙을 못해 귀국 길에는 베이징 공항에서 천진 공항까지 버스로 이동해 비행기를 타는 고역을 치렀다. 돌아와 보니 한국도 장난이 아니었다. 황사에 대한 놀라움과 두려움이 커진 것은 이때가 계기가 되었을 것으로 보인다.

황사는 오래전부터 있어왔던 자연현상이지만 최근 들어 지구 온난화로 더 심해지고 있다. 황사의 근원은 잘 알려진 대로 중국, 몽골 등의 건조한 고원과 사막지대다. 자료에 따르면 한반도에 몰려오는 황사의 발원지는 중국 네이멍구고원이 37퍼센트, 황토고원이 19퍼센트, 몽골 고비사막이 24퍼센트라고 한다. 중국은 급속한 경제발전으로 서부지역의 개발과 대대적인 벌목이 진행되어 광범한 지역에서 사막화 현상이 나타나고 있는 것이다. 이미 중국 면적의 11.6퍼센트(남한 면적의 17배)가 사막화되었고 매년 여의도의 6배에 달하는 면적이 사막화되고 있다고 한다(산림청 자료). 중국의 중북부에 위치한 몽골 역시 기후 변화와 유목민들의 과도한 방목 등으로 사막화가 가중되고 있다. 양떼들이 초원을 먹어치워 녹지가 줄고 사막이 늘어난다는 얘기다.

그러다보니 황사를 다루는 기사에는 이들 지역에 대한 원망이 어려 있다. 모래와 먼지로 구성된 황사가 중국 내륙을 지나면서 오염된 대기와 만나 중금속 성분이 포함된 아주 나쁜 황사로 변해 한반도 상공에 도달한다는 뉴스를 접하면 황사 혐오는 중국

혐오로까지 비화된다. 이번에는 '중국발 황사테러'라는 표현까지 등장했다. 테러라면 의도적인 확신범을 말한다. 아무리 그래도 그렇지 이는 조금 심한 표현이다. 중국이 고의로 이웃나라를 괴롭히기 위해 황사를 무슨 '기상무기'처럼 개발한 것은 아닐 것이라 생각한다. 그러기에는 중국의 코가 석 자인 것이다.

중국은 황사의 원인제공자이기도 하지만 황사의 최대피해자이기도 하다. 황사로 인한 녹지의 훼손과 생활상의 피해도 문제지만 황사의 미세먼지로 인한 정밀기기나 우주항공 및 첨단컴퓨터 등 자국 산업의 피해가 심각하기 때문이다. 경제대국과 우주강국을 꿈꾸는 중국으로서는 큰 문제가 아닐 수 없다. 그러니 중국이 일부러 황사를 유발하기야 하겠는가. 다만 한국 등 이웃 국가의 피해에는 다소 무관심해보이는 느낌을 주기는 한다. 결자해지 차원에서 중국 당국에 보다 책임 있는 노력을 요구할 수는 있을 것이다.

점점 드세지는 황사를 달랠 방법은 없는가. 우선 이들 지역에 나무를 심고 관개시설을 구축해야 한다. 실제로 중국, 몽골의 건조 고원지대에 나무를 심는 캠페인이 한국에서도 왕성하게 이루어지고 있다. 내일 지구가 멸망할지라도 한 그루 나무를 심겠다는 어느 철학자의 혜안은 탄복할 만하다. 더디 가더라도 나무를 심어 황사를 막는 노력은 가상하다. 그러나 작금의 황사가 근본적으로는 문명의 난개발로 인한 지구온난화 때문임을 생각한다면 나무 심기는 창해일속蒼海一粟이 아닐까 싶다. 그야말로 '문명사적 결단'이 요구될진대 이는 아직 책임전가와 위선의 장에 머무르고 있다. 분노한 환경의 거대한 역습, 게다가 떠오르는 용 중국을 이웃으로 둔 한국의 숙명적인 상황. 황사의 농도는 점차 짙어만 간다. 이번 주말에는 한강변 도보일주를 할 수 있을까.

(2007)

《요코 이야기》의 또다른 해법

　　　　　연초부터 《요코 이야기》라는 책
이 큰 이슈가 되고 있다. 《요코 이야기》는 재미 일본인이 쓴 영문
소설로 '2차대전 당시 북한 나남 지역에 살던 일본인 모녀 3인이
종전 직전에 일본으로 필사의 탈출을 감행한다'는 자전적 경험을
토대로 한 내용이다. 한국인들이 일본 여자들을 강간한다는 내용
이 담긴 이 책이 미국에서 교과서로 채택되어 있는 것에 재미 한
인들이 분노했다. 동포들은 《요코 이야기》의 수업을 거부하고,
이 책을 학교에서 교재로 사용하는 것을 반대하는 운동을 전개하
기 시작했다. 이러한 전말이 국내에 알려지면서 여론이 비등했고
책과 저자에 대한 의혹이 제기되면서 언론을 뜨겁게 달구었다.
　　저자의 부친이 인체 실험으로 악명 높은 731부대 간부였을지
모른다는 의혹, 책의 디테일한 내용 중 역사적 사실과 다른 부분
이 많이 나오는 점 등 미심쩍은 대목이 한두 가지가 아니다. 이들

의문들이 모두 명쾌하게 규명되지도 않은 것 같다. 한국인으로서는 일제의 만행이 아직도 소름끼치는데, '반전소설'로 분류되는 이 작품에서 일본인이 2차대전의 피해자로 그려지고 한국인들의 폭행이 부각되는 것에 분노를 느낄 수밖에 없다. 동북아나 한일 간의 역사적 관계를 잘 모르는 대다수 미국인들이 이 작품만을 본다고 할 때 어떤 인식의 오류에 빠질 것인지는 우려스럽다.

《요코 이야기》 파문은 아직 진행 중이다. 저자 부친의 만주에서의 행적에 관한 의혹이 대표적이다. 현재 731부대 연구의 권위자인 다니엘 바렌블랫트가 이를 맹렬히 추적하고 있다고 한다. 바렌블랫트는 2005년 731부대의 잔혹상을 고발한 《인간성에 대한 저주A Plague upon Humanity》의 저자다. 만약 요코 가와시마 왓킨스의 아버지가 731부대 간부였다는 것이 사실로 밝혀진다면 상황은 완전히 새로운 국면을 맞이할 것이다.

교재채택 거부운동이 미국 사회에서 얼마나 받아들여질지도 주목할 부분이다. 한국인들의 분노를 이해하지 못하는 일부 미국인들은 이러한 움직임을 과격하다고 느낄지도 모른다. 표현의 자유를 위축하는 것으로 인식할 가능성도 있다. 그렇다고 재미 한인들의 이미지와 위상을 실추시킬 수 있는 이러한 내용을 담은 책이 수업교재로 채택되어 계속 확산되는 일을 지켜볼 수도 없을 것이다. 반대 캠페인의 경우 내용은 단호하면서도 접근은 부드럽고 친절하게 전개해야 한다.

《요코 이야기》를 극복하는 또다른 해법은 《요코 이야기》를 능가하는 새로운 콘텐츠를 생산하는 일이라고 생각한다. 《요코 이야기》는 진위 논란을 차치하고 보면 '생생한 묘사, 극적인 전개, 반전 의식' 등으로 미국 독자들에게 어필이 된 듯하다. 그래서 미국판 《안네의 일기》라는 평가까지 받는 모양이다. 100년이 넘는 미주 한인사회의 전통 속에서 《요코 이야기》를 능가하는 '영문콘텐트'가 없었던 것은 아쉽다. 한국인으로서는 속상한 일이지만 그것이 현실이다.

그렇다면 우리는 《요코 이야기》를 대체할 만한 문화콘텐츠를 만들어야 한다. 우리에게는 《토지》《아리랑》과 같은 불후의 명작들이 있다. 드라마 〈여명의 눈동자〉도 있다. 이들을 번역하고, 영화로 뮤지컬로 만들 필요가 있다. 혹은 지난 세월 한인들이 겪은 가혹한 고통과 수난을 승화시킨 새로운 작품의 등장을 기다릴 수도 있다. 그래서 다른 《요코 이야기》, 다른 《쉰들러 리스트》를 만들어 세계인들에게 보여주어야 한다. 그 작품들이 가해자와 피해자라는 단순구도를 뛰어넘어 진정한 휴머니즘의 세계로 독자들을 인도하는 내용이라면 훨씬 감동적일 것이다. 새로운 문화콘텐츠를 만들어야 한다. 그것이 진정한 한류다.

(2007)

피오르드에서 빙하시대를 예감하다

검은 산에는 만년설이 덮여 있고 눈이 시리게 희다 못해 푸른 빛을 띤 빙하가 녹아내린 물은 폭포수가 되어 비류낙하로 거침없이 흘러내린다. 강인지 호수인지 바다인지 모를 깊고 푸른 물결은 수백만 년 전 빙하시대의 침묵을 안고 유장하게 구비친다……. 저 물 안에도 물고기가 살고 있을까. 있다면 어찌 생겼을까. 해안을 따라 그림 같은 뾰족지붕집이 늘어서 있고 시쳇말로 카메라를 갖다대기만 해도 그림이다. 피오르드는 선계인가 속세인가. 그렇게 아름다운 곳에 사는 사람들은 어떻게 생겼을까. 대체 무슨 고민이 있을까. 내가 정녕 죽기 전에 한 번 가볼 수 있을까…….

학창시절 지리 시간에 스칸디나비아반도 국가의 자연을 배울 때, 혹은 지구과학 시간에 빙식氷蝕 지형에 대해 공부할 때, 노르웨이의 피오르드가 교과서에 나오면 나도 몰래 이런 생각을 하곤 했다. 어쩌다 사진으로(주로 달력에서) 피오르드를 볼 때마다 나오는 것은 경탄과 한숨이다. 애국가의 '무궁화 삼천리 화려강산'보다 더 아름다워보이는 곳이 세상에 또 있다는 것을 깨닫게 해준 곳이 바로 여기다. 국어 시간에 입센의 '인형의 집'을 배울 때, 음악 시간에 그리그의 솔베이지의 노래를 부를 때, 미술 시간에 뭉크의 그림을 볼 때, 그들의 예술적 영감에 알게 모르게 작용했을 북구의 백야와 피오르드의 풍경이 떠올랐다. 그럴 정도로 그곳은 늘 나에게 동경의 대상이었다.

그 피오르드를 좀더 실감나게 볼 기회는 방송사에 입사하고 나서다. 아쉽게도 육안이 아니고 텔레비전 모니터를 통해서다. 1980년대 중반에 MBC에서 방송된 〈명곡의 고향〉이라는 음악 다큐멘터리가 있었다. 바하, 헨델에서 모차르트, 베토벤을 거쳐 베르디, 풋치니, 비제, 드뷔시에 이르기까지 클래식 음악의 대가들이 걸어온 삶의 궤적과 작품세계를 기행하는 프로그램이다. 〈명곡의 고향〉에는 크게 북유럽쪽과 남유럽쪽을 취재하는 두 팀이 있었는데, 이 당시 나는 독일, 영국 등 북유럽을 취재한 팀과 달리 프랑스, 이탈리아, 스페인 등 남유럽 쪽을 취재한 팀에 소속되었다. 덕분에 라틴의 정열과 낭만을 체험하고 목격하는 기회를 누리기도 했지만 오랫동안 꿈꾸던 피오르드에 가볼 인연과는 맺어지지 못했다. 그런데 다큐멘터리 시리즈 방송을 앞두고 두 팀이 현지에서 찍어온 그림을 놓고 프로그램 전체 타이틀백(T/B 제목이 들어가는 밑그림)을 협의했을 때 곧장 의견일치를 본 것은 바로 노르웨이의 피오르드 풍경이었다. 유럽의 많고 많은 그 빛나는 풍경들을 다 두고서 말이다.

　지금 생각하면 타이틀에 나온 장면은 세계에서 가장 길고 깊은 송네 피오르드 원경인 듯하다. 산은 높고 골은 깊어 물빛은 푸른데 분위기는 만년설의 흰빛과 어우러져 신비하고 적요寂寥하다. 그림은 풀샷에서 천천히 줌인을 하고 계곡 한가운데에서 클래식 음악의 거장들 얼굴이 하나씩 나오는 효과로 구성된 그런 영상의 타이틀이었다. 이를 구상한 연출자는 필경 피오르드와 같은 아름다운 풍경처럼 거장들의 주옥 같은 작품이 세월을 뛰어넘어 오래도록 인류에게 전승되고 있으며 앞으로도 그럴 것임을 상징적으로 함축해 보여주고 싶었을 것으로 생각된다. 이때 타이틀의 음악은 이탈리아 작곡가 마스카니의 〈카발레리아 루스티카나(전원기사)〉 중 '인터메조'였는데 피오르드 풍경과 절묘하게 어울렸다. 그래서 지금도 내게 피오르드 하면 떠오르는 음악은 '페르퀸트'보다 〈카발레리아 루스트카나〉의 '인터메조'가 먼저다. 노르웨이의 대음악가 그리그가 알면 무척 실망할 일이다. 여하튼 〈명곡의 고향〉의 그 타이틀을 볼 때마다 나는 혼자 읊조렸다. '저기를 언제 가보나. 죽기 전에 가볼 수 있으려나……'

　'죽기 전에 가봐야 할……'이라는 제목의 책을 본 것은 그로부터 한참 후의 일이다. 정말 나 같은 생각을 하는 사람이 많긴 많았나 보다. 죽기 전에 가보고 싶은 곳을 가슴에 새겨둔 사람들이 얼마나 많았으면 그런 책이 다 나왔을까. 한동안 '죽기 전에 ○○○해야 할……' 시리즈가 서점가를 풍미했다. 사람이 죽을 때가 되면 하고 싶은 게 더 많아진다는데 그래서 그런가? 어떻든

《죽기 전에 가봐야 할 1000곳》을 실제로 사서 보았더니 역시 여기에도 피오르드가 들어 있었다. 《세계의 가볼 만한 101곳》《세계의 절경》뭐 이런 유사한 기획의 책들이 많아 나왔었는데 한결같이 피오르드를 빼놓지 않고 있다.

여하간 유감스럽게도 그동안 머나먼 아프리카 오지나 카리브해의 쿠바, 수교 전의 동구 헝가리 등을 갈 일은 있었어도 북유럽을 갈 기회는 없었다. 바람이 불지 않으면 바람개비처럼 스스로 달려나가라고 누가 그랬던가. 드디어 노르웨이의 피오르드를 갈수 있게 되었다. 2006년 입사 20년 근속 휴가를 스칸디나비아 4개국 여행으로 결정한 것이었다. 여기까지 오는데 학창시절 이후 30년이 걸린 셈이다. 피오르드는 노르웨이말로 '내륙으로 깊이 들어간 만灣'이란 뜻으로. 협만峽灣으로 번역된다. 여행일정의 피오르드 답사는 예이랑게르에서 출발해 송네, 하르당게르 등 노르웨이가 자랑하는 4대 피오르드 중 3곳을 망라하게 된다. 8박 9일 중 4박이 노르웨이에서 묵을 정도로 이 일정은 피오르드 기행을 원없이 가능하게 한다.

유람선, 트램카, 철도, 버스, 마차, 도보 등 모든 방법으로 피오르드와 빙하를 목격하고 체험할 수 있다. 그리고 각본없이 이룬 자연의 아름다움, 100만년의 시간이 거둔 위대한 승리, 인간이 이들을 훼손하지 않으려는 겸손함과 의지가 총화를 이룬 가없는 풍경의 아름다움에 거의 질식할 지경이 된다. 그리고 언어의 한계를 절감한다. 아니 언어의 필요성을 거부한다. 그냥 보고 느끼면 족할 것을 무엇하러 그리 표현하려 애쓸 것인가. 독자들께서도 섣부른 글보다 엄선한 사진을 직접 감상하시는 것이 더 나으리라 생각한다. 문명과 인공에 지친 이여 내게로 오라. 내가 너희를 편히 쉬게 하리니……. 피오르드의 정령이 있다면 그렇게 말할 것임을 알면 충분하다.

예의 《죽기 전에 가봐야 할……》을 쓴 패트리샤 슐츠는 "바깥 세상으로의 여행은 내면의 세계를 비추어준다"고 설파했다. 여행을 하면 자신의 삶을 반추하고 성찰의 시간을 가지게 되는 이유를 잘 설명해주는 말이라고 생각한다. 외국에 나가면 애국자가 된다는 것도 같은 이치라고 본다. 광대무구의 피오르드 앞에 서면 인간의 왜소함과 무모함을 자각하게 된다. 대자연보다 위대한 지구의 조각가는 없는 것이다. 그리고 노르웨이의 잘 보존된 자연환경에 비해 어지럽기만 하고 날로 황폐해지는 우리네 풍광이 떠올라 답답하고 처연해진다. 경치 좋은 곳이면 관광객보다 먼저 들어서는 각종 광고 입간판과 모텔과 식당. 좁은 국토에 난개발로 파헤쳐지는 골프장과 분별없는 아파트……. 그런 한국의 풍경에 절어 있던 시선이 노르웨이의 삽상함과 표량함으로 잔뜩 위무받는다.

그러나 경치에 취해 있기만 할 일이 아니었다. 피오르드의 만년설과 빙하가 겪는 수난의 현장을 목도했기 때문이다. 지구 온난화의 영향으로 피오르드의 빙하는 갈수록 물러난다고 하는데 직접 육안으로도 이를 알 수 있었다. 겨울에는 얼고 여름에는 녹기를 반복하지만 빙하의 융해선이 해가 다르게 후퇴하는 것이었다. 문득 영화 〈투모로우〉의 장면과 겹쳐지면서 지금이 간빙기間

氷期임을 새삼스럽게 인식한다. 또 인간의 교만과 탐욕이 이처럼 무절제하게 질주疾走하다가 마침내 지구 온난화의 대폭발로 인해 빙하기가 예고없이 다시 엄습해 들이닥칠지 모른다는 생각에 모골이 송연했다.

그러나 모름지기 나그네의 심사는 돌아서면 끝이다. 이제 일상으로 돌아와 나는 지금 이렇게 그저 피오르드의 추억을 더듬고 있을 뿐이다. 그곳에 다시 갈 수 있을까. 이 다음에 볼 그때까지 피오르드는 잘 있을까. 참 걱정된다.

(2006)

'다이내믹 코리아' 유감

'다이내믹 코리아'는 정부가 국가브랜드 인지도 제고를 위해 2002년 이후부터 내건 슬로건으로 '역동한국의 새로운 미래비전'이다(국정브리핑 사이트). 아마도 한일월드컵 당시 붉은악마의 선풍에 전 세계가 매료되자 이를 재빨리 포착해서 차제에 생동하는 한국의 국가이미지로 포지셔닝하자는 취지였을 것이다. 기실 시의적절한 기획으로 볼 수 있다. 한일월드컵 성공개최의 자신감을 바탕으로 코리아 프리미엄을 달성하려는 소박한 포부가 바로 '다이내믹 코리아'일 것으로 나는 믿는다.

지나간 역사에서 한국의 이미지는 '은자隱者의 나라' '아침이 조용한 나라'였다. 그리고 가을 하늘이 맑고 푸른 나라였다. 산업화가 늦어 이 땅에는 오래도록 들을 파헤치고 산을 깎아내는 폭파음이 없었고 공장기계가 돌아가는 굉음도 없었다. 그저 동창이

밝았으니 노고지리 우짖는 소리만 들렸을 뿐이다. 식민지와 전쟁을 거친 저개발국가에 달리 내세울 것이 없으니 고작 하늘 타령만 했을 따름이다. 은근과 끈기가 자신들의 미덕이라고 자임했으나 사람들에게는 오랫동안 퇴영과 무기력이 드리워져 있었다. 그런데 이제 스스로를 일러 '다이내믹 코리아'라고 칭한다.

사실 '아무리 느슨한 잣대를 들이대도' 한국이 다이내믹한 것은 맞다. 잿더미만 남은 전쟁을 치르고 나서도 한강의 기적을 이루었고, 마침내 치열한 투쟁 끝에 민주주의도 달성했다. 원조를 받던 처지에서 이제는 원조를 하는 나라가 되었고, 전직 대통령이 수갑을 차는가 하면 사형수 출신이 대통령이 되기도 했다. 외환위기 때는 온 국민이 금모으기 운동을 했고, 붉은악마와 촛불 시위대가 광화문 거리를 가득 채우기도 했다. 또 전혀 다른 이유로 시청 앞 광장이 성조기로 뒤덮인 적도 있다. 5년에 한 번씩 대통령이 바뀔 때마다 주요 포스트의 인력이 밀물처럼 왔다가 썰물처럼 빠진다. 어떤 정책은 냉탕과 온탕을 무시로 반복해 오간다. 반년도 안 돼 아파트 가격이 몇 억씩 오르고, 국회 다수당을 차지했던 여당이 2년 만에 지방선거에서 참패하기도 한다. 쓰나미가 있는가 하면 싹쓸이도 있다. 정말 이보다 더 다이내믹한 나라 있으면 나와보라고 그래!

이런 조변석개, 좌충우돌의 현상을 본 어떤 외국인이 하도 신기해서 덕담으로 한마디 했을 법하다. "한국은 참 다이내믹한 나라군요." 이걸 진심으로 하는 칭찬인 줄 알고 덜컥 '다이내믹 코리아'를 채택한 것은 아닌지……. 한편으로 이 슬로건의 등장은 한국인들이 이제 뻔뻔해졌다는 얘기도 될 수 있다. '나 이렇게 살래, 어쩔래?' 하는. 어떻든 이 '다이내믹 코리아'라는 수사修辭에 우리 사회의 미만한 불안정성과 집단광기 혹은 쏠림 현상들이 묻혀버리고 합리화되는 것은 아닐까 저어스럽다. 지나치게 역동적이고 예측 불가능한 제諸 소용돌이 증후군을 한국 사회의 다이내미즘으로 규정하고 환원시킬 것 같아 적잖이 우려된다. 거칠게 말해 '다이내믹 코리아'는 우리 사회가 지향할 만한 가치체계는 아닌 것 같다. 기존의 현상에 그럴듯하게 지위부여를 하는 브랜드 네이밍의 소산일 따름이다. 이 작업을 한 어떤 카피라이터는 쾌재를 불렀겠지만 억지 춘향 격이다.

그러다보니 안 맞는 장단에 춤을 춘다. 지난 독일월드컵에서도 우리 정부는 '다이내믹 코리아'를 국가 이미지로 내세워 여러 활동을 했다고 한다. 정부는 월드컵에서 한국 붐을 일으키려 홍보관, '다이내믹 코리아' 티셔츠 등을 준비하고 또 한국팀의 경기가 열리는 도시의 전철과 버스에 '다이내믹 코리아'라는 문구를 래핑했다. 나아가 지상파 DMB와 휴대 인터넷 시연회를 통해 IT 강국의 이미지도 과시했다. 붉은악마의 길거리 응원으로 대표되는 한국의 다이내믹함과 정보통신 강국이라는 이미지를 부각시키겠다는 의도로 보인다. 그러나 당시 뉴스를 본 기억으로는 정작 독일에서 외국인들에게 보여준 것은 여전히 줄타기와 사물놀이 같은 전통공연이나 전형적인 한국특산품이었다. 구호와 동작이 따로 노는 것이다. 그래서 '다이내믹 코리아'라는 캐치프레이즈는 있지만 무엇이 왜 역동적인지를 알리지 못했다는 지적과 함께

'국가 이미지 전략부재'라는 비판이 일었다. 전략 이전에 콘텐츠의 빈곤과 철학의 부재를 먼저 짚지 않을 수 없다.

철학이 없는 곳에는 효율과 기능만 있다. 난자윤리와 논문조작에 대한 정직하고도 치열한 고민이 없는 황우석 씨의 줄기세포 연구는 한국적 다이내미즘의 귀추를 적나라하게 증언한다. 대중들에게 환상을 심고 역동적인 이슈 파이팅과 코디네이팅을 통해 남보다 먼저 결승점에 가서 수십, 수백 조의 국익을 취하겠다는 옹기장수 계산법이 결국 어떻게 파산했는지 우리는 처절하게 목격했다. 한국의 권력과 학문과 언론과 대중들은 피해자이기 이전에 사실상 공동정범이다. 모두 '다이내믹 코리아'의 신화에 사로잡혀 있었던 것이다. 이때 대통령은 "생명윤리에 대한 여러 가지 논란이 연구를 가로막지 않도록 관리하는 것이 정치가 할 일"이라고 말하기도 했다.

작금 우리 사회에 화제가 된 블루오션에도 함정이 있다. 레드오션, 블루오션 운운하지만 블루오션 개념의 핵심인 비경쟁 시장 공간이란 것도 결국 경쟁자가 알아차리기 전에 남보다 먼저 가서 깃발을 꽂겠다는 얘기다. 선착순 1등을 하려면 동작의 다이내미즘이 관건이다. 대박 블루오션의 꿈을 위해 얼마나 많은 항해자들이 지금도 바다를 표류하고 있는지 모른다. 이들이 전도를 알 수 없는 칠흑 같은 밤바다의 블랙오션에서 하염없이 돈과 정열을 쏟다가 마침내 블랙홀로 빠지지 않기만을 바랄 뿐이다. '다이내믹 코리아'는 이렇듯 우리를 시험에 들게 하고 있다.

(2006)

해외체류자 투표권 논의를 생각한다

해외체류국민들에게 투표
권을 부여하는 문제가 논의되는 모양이다. 현재 논의 중인 대상은
주로 일시해외체류국민이라고 하는데 그 대상자가 100만 명 내외
라고 하니 결코 작은 수가 아니다. 우리는 몇십만 표 이내로 당락
이 갈리는 박빙의 대선을 이미 겪은 터다. 선거의 계절을 앞두고
정가의 주판알 튀기는 소리가 요란하다. 필경 정치권은 정권도득
政權圖得의 차원에서 유불리와 이해득실을 따지고 있을 것이다.

보도에 따르면 "외교관 등 해외에서 근무 중인 공무원은 물론
해외 주재상사원·사업가·유학생 등 한국국적을 보유하고 국내
에 주소지를 둔 사람 중 해외에 일정기간 체류하고 있는 자에게
대선과 비례대표 국회의원 선거권이 부여된다"는 것이다. 그런
데 국내주소가 말소된 외국 영주권자나 시민권자는 대상에서 제
외된다고 하니 일부 영주권자들은 불만이 있을 수도 있겠다. 어

느 정당에서는 184만 명에 달하는 해외영주권자들에게도 투표권을 부여하는 법안도 거론하고 있다고 한다.

어떻든 아직 논의의 단계고 확정은 되지 않았다. 그러나 이를 지켜보면서 우려의 시선을 거둘 수 없다. 모국인 한국의 정치상황에 대한 드높은 관심을 보이고 있는 우리 교민사회는 작금 논의에서처럼 투표권이 부여되면 필경 정치적 입장이나 한국 내 연고와 이해관계에 따라 사분오열될 것이 불을 보듯 환하다. 역사적으로도 해외 동포사회의 분열상은 분단과 한국의 엄혹한 독재 정치 상황 등으로 첨예하게 드러나 고착화되어 있다. 투표권이 없는 지금에도 그런 마당에 향후 이 같은 분열은 더욱 심화될 것이다. 현 시점에서 해외체류국민들에게 투표권을 부여하는 일은 신중해야 한다고 본다. 영주권자에 대해서는 특히 그러하다.

이 같은 우려는 방송 프로그램 취재차 여러 번 외국을 갔다온 바 있고, 또 해외연수도 다녀온 바 있는 필자의 경험에서 비롯된다. 우선 한국인들의 과도한 정치지향성이다. 이민을 갔다고 해서 그것이 사라지지 않는다. 한국인의 정치지향성은 이민자 특유의 보상심리 속에서 인정투쟁, 감투싸움으로 나타난다. 일부 교민들은(어디까지나 일부다) 현지 주류사회에의 성공적인 진입보다 한인사회 내에서의 감투를 더 좋아하는 것 같다. '대한○○회'가 있으면 비슷한 명칭의 '한국○○회'가 있다. 한국에서 예산이 지원되는 기념사업 같은 것이 있으면 유사 단체가 여러 개 만들어져 헤게모니를 다투고 줄대기도 치열하다.

어떤 나라의 수도에서는 그 나라 전체를 대표하는 한인회가 활동 중이었는데 마침 그 지역 이름을 단 한인회가 없자 재빨리 그 도시명의 한인회를 만들어 틈새를 공략하는 광경도 직접 본 일이 있다. 그렇다고 앞서 말한 한인회가 해당국에서 법적 지위를 확보하고 교민들의 이익을 위해 뚜렷한 활동을 하고 있었느냐 하면 그것도 아니었다. 결국 자리싸움에 불과했던 것이다.

지난 대선 때 보니 유력 대선 주자들이 해외 현지를 방문하자 그때마다 교민사회가 크게 출렁였다. 지연, 혈연, 학연, 정치적 입장 혹은 사업적인 이해관계에 따라 이런저런 지지모임이 출몰하고 눈도장을 찍으려 줄을 선다. 그리고 지지자가 다른 사람끼리는 서로 상종도 않으려 하고 심지어 삿대질을 하는 장면도 있었다. 일시 해외체류 교민들(상사 주재원, 유학생 등) 중의 일부는 불안해보이는 후보에게 한 표를 던지기 위해 분연히 한국에 들어가기도 했다. 열성적인 지지자라면 못할 일도 아니었을 것이다.

문제는 대선 와중에 심각히 드러난 교민사회의 분열상이다. 현지에서의 활동보다 떠나온 한국의 선거에 일희일비하는 한인들의 행태가 주재국에서 어떻게 비칠지도 궁금하다. 지금도 그럴진대 투표권이 부여되면 어떻게 될 것인지 짐작하기 어렵지 않다.

물론 납세나 병역을 이행한 일시 해외체류 국민들이 선거권을 행사하는 것은 참정권에 관한 국민의 엄연한 권리다. 현지 주류 사회에의 관심과 정착이 더 소망스러운 영주권자와 달리 일시 해외체류 국민들은 주재기간이 끝나면 혹은 유학생활이 끝나면 한국으로 돌아올 사람들이고 그러기에 자신의 정치적 의견과 이해관계를 투표행위로써 실현해야 할 필요와 당위도 가지고 있다.

그후 야기될 이 명백한 재외 한인사회의 분열을 어떻게 할 것인가. '투표는 민주주의의 당연한 절차이며 선거는 거대한 정치적 축제이니 그 결과로 어떤 후유증이 있더라도 이는 우리 사회가 감내해야 할 민주주의의 비용이다'라고 하면 할 말은 없다. 그러나 우리 해외 교민사회가 진정으로 그런 비용을 늠연히 감당할 각오와 준비가 되어 있는가. 작금 해외체류국민 투표권 부여를 논의하는 정치권에 이 질문을 진지하게 들려주고 싶다.

(2006)

* 2009년 2월, 대한민국 국회는 장기거주 영주권자를 포함하는 재외국민의 투표권까지 허용하는 공직선거법 개정안 등 재외국민참정권에 관한 법을 통과시켰다. 위 글은 2006년 정치권에서 일시 체류국민을 대상으로 투표권 부여 여부를 논의하고 있을 때 〈재외동포신문〉에 발표한 글이다.

어느 중국 다큐멘터리스트의 처신

다큐멘터리는 진실을 추구하
는 일이라고 배웠고 그렇게 믿고 있다. '다큐멘터리는 현실을 창
조적으로 다루는 것이고, 사회의 진실된 소리와 모습을 듣고 보
는 것이며, 현실이 어떻게 개선되어야 하는지를 보여줬을 때 임
무가 완성된다'는 다큐멘터리에 관한 고전적인 정의들을 지금도
의심치 않고 있다.

그러나 이런 믿음에 배신을 주는 일이 일어났다. 그것은 바로
얼마 전 EBS가 '변혁의 아시아'라는 주제로 개최한 제1회 국제다
큐멘터리페스티벌EIDF 심사 현장에서 일어난 소동이다. 말할 나
위 없이 EBS의 이번 행사는 한국 방송사에 한 획을 긋는 빛나는
기획으로 평가하기에 손색이 없다. 그런데 이번 국제다큐멘터리
페스티벌에서 주최측의 의도와 달리 옥의 티로 남는 일이 발생했
다. 보도를 통해 알려졌듯이 경쟁부문에 출품됐던 〈금지된 축구

단)과 관련된 중국 측 심사위원의 결코 향기롭지 못한 처신이 그
것이다.

주지하다시피 〈금지된 축구단〉은 인도 다람살 지역으로 망명
한 티베트인들이 축구팀을 만들어 피파FIFA와 중국 정부의 방해
를 무릅쓰고 덴마크에서 그린란드팀과 경기를 치르는 과정을 담
은 작품(아놀 크롤가아르드 감독)이다. 그런데 중국 측 심사위원으
로 참석한 왕 아무개 감독이 심사대상 프로그램 중에서 이 작품
을 보고 이것이 아무래도 중국 당국의 심사心思를 거스를 것 같다
고 생각했는지 고약하게도 이를 본국에 '제보'했다. 정치후진국
이자 언론탄압국인 중국에서 다음 일이 어떻게 진행되었겠는가.
사태를 인지한 중국 당국은 주한 중국대사관을 통해 이 프로그램
에 대한 방송중지를 EBS 측에 요청했고 이런 망측한 '압력'을 주
최측은 단호히 거부했다. 그러자 중국인 심사위원인 왕 감독이
심사위원직을 사퇴하고 귀국해버렸다. 황당한 일이 아닐 수 없
다. 이번 행사의 한 관계자는 "다큐축제는 어떠한 정치적 목적을
갖고 만들어진 행사가 아니라 아시아 지역의 치열한 삶을 다큐멘
터리를 통해 시청자들에게 보여주기 위한 행사다. 그런 일들은
다큐축제의 본질을 이해하고 있지 못해 발생한 사건"이라며 "앞
으로도 이런 압력들이 늘어날 것이라고 예상되지만 굴복하지 않
을 것"이라고 밝혔다.

비정치적인 행사에 심사위원으로 초대받은 다큐멘터리 감독
이 자국의 국가정책과 다른 내용을 담은 출품작이 있다고 해서
이를 사전에 당국에 보고하고, 뜻이 관철되지 않자 심사를 거부

한 일은 아무리 봐도 아름답지 못하다. 티베트, 신장 등 변경 지대의 사정에 민감한 중국의 입장은 작금 고구려사를 왜곡하는 동북공정 사태를 통해서도 여실히 알 수 있다. 그러나 왕 감독의 행동은 납득하기 어렵다. 명색이 미와 진실을 추구하는 다큐멘터리스트 아닌가. 예술에는 국경이 없지만 예술가에는 국경이 있다더니 그런 것인가.

일각에서는 그가 일부러라도 그런 자세를 취하지 않으면 귀국 후 어떤 불이익을 받을지 몰라서 그런 행동을 했을 것이라고 말하기도 한다. 언론과 지성이 얼어붙어 있는 중국의 상황을 생각하면 충분히 있을 수 있는 일이다. 역지사지를 하면 그의 고민이 이해는 간다. 군사독재 권위주의 시대 때 한국의 다큐멘터리스트가 유사한 장소에서 그런 일을 만났다면 아마 왕 아무개 감독과 비슷한 선택을 했을지도 모른다. 비록 그가 성숙하지 못한 행동을 했다고 해서 그를 조롱만 할 수는 없다.

진실은 국익에 앞선다고 했다. 이번 사태를 보면 이것이 더욱 실감난다. 왕 감독인들 이 좋은 금과옥조를 몰랐겠는가. 그러나 탁상공론의 장과 실천궁행의 장에서 이 한마디는 엄청나게 다른 무게로 다가온다. 왕 아무개 감독의 처신은 현실을 살아가는 우리에게 많은 질문을 던진다. 유사 이래 최대의 언론자유를 누리고 있다는 오늘의 한국에서 이번 제1회 EIDF의 〈금지된 축구단〉 사태는 '금지된 다큐멘터리'의 기억에서 자유롭지 못한 우리에게 여전히 유효한 타산지석이다.

추신―제1회 국제다큐멘터리페스티벌에서 대상은 공교롭게도 중국의 〈안녕 나의 집〉(간차오·리앙지 감독)에 돌아갔다. 그런데 본국의 훈령이 있었는지 아니면 알아서 한 것인지 이들은 공식적인 수상 인터뷰를 거절하고 대상만 수상하고 돌아갔다. 주최 측은 이들이 수상 자체를 거부한 것은 아니기 때문에 1만 5000달러의 상금은 소정의 절차에 따라 송금할 것이라고 한다.

(2004)

생활과 생각

재가 되는 것이 두려워 한 번도 타오르지
못한 인생. 그것은 그저 허접한 석탄 뭉치일 뿐이다.
연탄이 타오르는 것은 바로 그 자신의 정체성 때문이다.
연탄재는 비로소 시인을 넘어 우리에게 경배의 대상이
되지만, 타올라야 할 때 타오르지 못한 인생은
굳어버린 채 세월의 더께가 된다.

'대기자 김중배 50년' 봉정식

2009년 2월 26일 언론광장 김중배 상임대표의 기자 50년을 기리는 기념집《대기자 김중배》(나남출판사)의 봉정식奉呈式이 열렸다. 당대의 논객 대기자 김중배는 1957년《한국일보》에서 기자 생활을 시작했으니 2007년이 반세기에 해당될텐데 기념식은 2009년에 들어서 개최됐다. 아마도 지상으로 발표한 선생의 칼럼을 책의 주축으로 삼고 나머지는 지인과 그를 따르는 후배들의 글을 모으는 방식을 취하느라 시간이 걸렸을 듯하다.

그러나 그보다는 기념집 출간을 "씰데없는 짓"이라고 일축하며 끝까지 허락을 하지 않은 김중배 선생의 엄격함 탓이 아닌가 생각해본다. 이날 행사 역시 김 선생을 모시느라 애를 먹었을 성싶다. 아니나 다를까.《대기자 김중배》발간위원회는 선생으로부터 출판 허락을 받기가 쉽지 않았던 일화를 토로하고 있다.

발간위원회는 책머리에서 "받을 자격이 넘치는데도 불구하고 여전히 부끄러움을 타는지도 모른다"며 "이 책은 '대기자 김중배'의 글과 삶을 묶어 과거로 떠나보내는 고별의 책이 아니라 그의 글과 삶의 정신을 찾아내어 미래로 띄워보내는 책이 되어야 할 것"이라고 밝혔다. 그리고 이 책이 "우리 사회가, 언론이 앞으로 지향해야 할 방향에 대한 반성과 숙고의 귀중한 원천"이 될 것을 기대했다. 봉정식이 열린 프레스센터에는 대기자 김중배 50년의 궤적을 증언하듯, 원로 언론인과 시민단체 관계자들이 많이 참석했다. 이날 행사에는 최일남 한국작가회의 이사장, 고광헌 《한겨레》 사장, 엄기영 MBC 사장 등 언론계를 비롯한 각계 인사 200여 명이 참석했다. 낯익은 시민단체, 언론단체, 언론노조 관계자들도 많았다. 한때 《동아일보》에 같이 몸담았던 남시욱 전 《문화일보》 사장의 모습도 눈에 띄었다.

《동아일보》《한겨레》 MBC 등은 김중배 선생이 기자, 논설위원, 편집국장, 사장 등으로 치열한 반생을 보낸 언론 현장들이다. 언론인 김중배의 춘추필법과 정론직필을 논하는 것은 새삼스러운 얘기가 될 것이다. 엄혹한 권위주의 정권 시절 선생의 시론과 칼럼을 읽는 것은 국민들에게 위안과 등불이 되었다. 필자가 독자로서 선생을 만난 것도 그 시절의 일이다.

그렇게 십 수년간 《동아일보》 논설위원으로 재직하다가 1990년 편집국장을 맡아 《동아일보》의 환골탈태를 이끌었다. 당시에는 6월항쟁 이후 언론기본법이 폐지되면서 창간된 《한겨레》가 선풍을 일으키고 있었다. 이른바 족벌언론 보수신문의 카르텔이 정체를 드러내면서 비판받고 있을 때 《동아일보》로서는 나름대로 승부수를 던진 셈이었다.

김중배 국장이 지휘하는 《동아일보》는 이전과 다른 면모를 보였다. 그러나 《동아일보》는 '김중배표' 편집과 논조를 감당하지 못했다. 결국 김중배 국장은 사표를 던졌다. "이제 언론에서 가장 위대한 권력은 정치권력이 아니라 자본으로, 언론에 대한 자본의 압력은 원천적이고 영구적인 것"이라는 1991년 6월 그의 퇴임사는 '김중배 선언'이라는 역사적인 장면으로 기록되고 있다.

이후 김중배 선생은 1년 남짓 《한겨레》 사장을 거친 후 1994년부터는 참여연대, 언론개혁시민연대 등 시민단체, 언론단체 대표로서 활동을 했다. 생각하건대 운동단체들로서는 선생의 명망을 후광으로 삼고 싶었는지도 모른다. 일관성과 치열함 그리고 언행 일치로 김중배 선생만한 분이 없기 때문이다. 하지만 선생은 무슨 얼굴마담 역이 아니라 그 단체의 상징성과 실질성을 담보하는 존재감을 드러냈다.

필자가 김중배 선생을 직접 뵙게 된 것이 바로 이 무렵이다. 강단 있는 특유의 모습을 노동조합의 행사나 집회가 있을 때 먼발치에서 보게 되었다. 드디어 1998년 3월 필자가 〈PD수첩〉에서 '신문개혁' 편을 할 때 선생을 인터뷰하게 됐다. 이 프로그램은 한국 신문의 정파성 문제와 경영 위기를 다룬 프로그램이었는데 김중배 선생은 우리 언론의 문제점과 극복 방안을 준열하게 지적했다. 인터뷰를 편집할 때 정곡을 찌르면서도 군더더기가 없는 언설에 대해 감탄을 했던 기억이 난다.

1998년 8월에 출범한 언론개혁시민연대(약칭 언개연)는 언론 현장 내부의 동력과 시민단체의 운동성을 결합하는 연대 조직이라고 할 수 있다. 언론 현장에서는 언론 노조, 기자협회, PD연합회 등 언론 3단체가 주요한 기반이었다. 필자는 1998년 제12대 PD 연합회장으로서 언개연 공동대표로 참여했다. 덕택에 회의 자리에서 선생을 수시로 뵐 수 있었다. 그의 카리스마와 아우라는 명불허전이었다. 때때로 PD연합회에서 발행하는 PD연합회보에 실리는 필자의 칼럼에 대해 과분한 격려를 해주신 망외의 기쁨이 있었다. '술이 미디어'라는 지론을 생생히 체험한 것도 이때다.

  2000년 4월 7일 필자는 〈신문의 날 특집, 기자정신을 찾아서〉라는 특집다큐멘터리를 제작, 방영한 적이 있다. 1년 전 〈이제는 말할 수 있다〉에서 '언론통폐합과 언론인강제해직' 편을 만든 연장선에서 신문개혁의 주체는 일선 기자들이 되어야 한다는 것을 구체화하는 프로그램이었다. 이때 설문조사를 통해 현역 기자들에게 '존경하는 언론인'을 물었더니 송건호(1927년생), 리영희(1929년생), 김중배(1934년생) 선생이 나란히 올랐다. 세 분을 중심으로 프로그램을 풀어갔다.

  그러던 중 2001년 2월 김중배 선생이 MBC 사장으로 선임되었다. 깜짝 놀랄 일이었다. 사실상 50년 만에 정권교체가 이루어졌다고는 하나 한국에서, MBC에서 이런 일이 가능하다니 의외였다. 당시 MBC 대주주인 방문진 씨가 언개연 대표인 김중배 사장을 선임한 것은 한국의 민주화와 언론의 독립성을 상징적으로 보여주는 일로 평가될 만했다.

또 김중배 사장의 취임은 그동안 관변 언론인의 낙하산 사장 혹은 자사 출신의 사장과 같은 체험밖에 없는 MBC에게 새로운 시험이자 세례洗禮의 기회였다. 내외에서는 '김중배표 MBC'가 과연 가능할 것인지 주목했다. 다만 신문기자나 신문사 사장 혹은 시민단체 대표가 경력의 전부인 김사장의 경험요소가 MBC와 같은 복잡한 방송사의 경영에는 어떤 식으로 나타날 것인지에 대한 일말의 걱정은 있었다.

MBC 재임 2년 동안의 성과에 대해서는 이날 봉정식에 참석한 엄기영 현 MBC 사장의 축사가 잘 말해준다고 하겠다. 김중배 사장 재임시 보도이사로 있었던 엄기영 사장은 "대기자 김중배 50년 중 문화방송 사장 재임기간은 2년에 불과하지만 우리 언론사에 실로 매우 값진 기간이었다. 문화방송에서 일하는 사람들한테 큰 울림을 주었고, 그 여파는 아직도 문화방송에서 계승되고 있다고 생각한다"고 말했다.

엄기영 사장은 또 "방송현업에 대한 전문성에 대해 염려했던 것이 사실이었으나 기우였다. 누구보다 철저하게 방송전문지식을 학습해 경영에 반영하고, 오랜 기간 추구해온 대기자로서의 철학을 문화방송에 반영하려 애썼다. 울리히 벡, 기든스, 전우익 등의 이름을 문화방송에 소개하며 방송에 그런 철학이 투영되기를 원했고, 조직을 통해 실천시켰던 CEO였다"고 회고했다.

실제로 김중배 사장이 취임사에서 기든스, 울리히 벡을 논하고, 봉화 농민 전우익 선생의 "혼자만 잘 살면 무슨 재민겨"를 인용하자 MBC 구내서점에서는 한동안 그와 관련된 책을 찾는 사원들의 문의가 이어지기도 했다. 말하자면 신선한 충격이었다. 지사적 언론인, 철학이 있는 언론인, 시대를 고뇌하고 성찰하는 언론인의 실체를 접하는 순간이었다.

이후 재임기간 동안 김중배 선생은 '칼럼니스트 사장'이 될지 모른다는 세간의 우려를 불식하고 언론사 경영자로서 좋은 성과를 보였다. 무엇보다 보도나 인사의 독립성을 지키고, 드라마나 월드컵과 같은 콘텐츠에서도 괄목할 만한 성과를 획득했다. 경영 실적 면에서도 사상 최대의 영업이익을 냈다. 개인적으로는 존경하던 분이 CEO로 와 가까이에서 훈향을 느끼고 가르침을 체현할 수 있는 기회였지만 아쉽게도 필자는 2002년 8월부터 1년간 중국 베이징으로 언론인 연수를 갔었다.

2003년 2월 김 사장은 돌연 사표를 내고 MBC를 떠났다. 법적 임기를 2년이나 남겨두고서였다. 베이징에서 인터넷으로 그 소식을 본 나는 매우 놀랐다. 지금도 정확한 사임 이유는 모르지만 재임 기간 중 어느 정도 성과도 올렸고, MBC의 명운을 MBC인들이 개척할 기회를 주기 위한 것으로 알고 있다. 그러나 혹시 2년 전 취임사에서 지적한 '음습하고 퇴영적인 MBC의 조직문화'에 대한 실망감이 작용한 것은 아닌지…….

2003년 9월 베이징에서 돌아온 나는 일산 댁을 찾아뵙고 선생에게 인사를 드렸다. 그 자리에서 차마 왜 MBC를 떠나셨는지 여쭙지는 못했다. 그러기에는 너무 지나간 일이었다. 이듬해 김 선생은 다시 시민단체인 언론광장의 대표를 맡으셨고 첫해에 나는 운영위원으로 있었다. 이후 갈수록 선생을 뵙기는 힘들어졌다.

건강이 다소 안 좋으시다는 얘기도 들렸다. 2월 26일 프레스센터 행사에서 뵙는 것은 오랜만의 일이었다.

이날 《대기자 김중배》 봉정식의 하이라이트는 선생의 '답사'였다. 몇 분의 축사가 끝난 후 단상에 오른 그는 "역시 부끄럽다는 말을 할 수밖에 없다. 독재시대에 철저하게 자기검열하면서 쓴 글이다. 이 책을 발간하게 된 것은 후배들에게 '이 선배를 밟고 가라'는 뜻이 담겨 있다고 생각한다"고 말했다. 또 지인, 후배들의 헌사에 대해서는 "편파적인(?) 필자들의 글에 속지 말라"고 일갈해 웃음을 자아내기도 했다.

이어서 김중배 선생은 "한가한 얘기를 할 때가 아닌 것 같다"고 정색한 후, "지금의 상황은 우리가 민주화 세상에 접어들었지만 민주화가 공고화되지 못하면서 다시 역풍의 반동시대가 되고 있다"고 전제하고 "최근 미디어악법 사태를 보면 이 제도를 만들려는 사람들은 방송의 소유 구조가 바뀌면 미디어종사자들의 영혼을 살 수 있다고 판단하고 기대하는 것처럼 비친다"고 진단했다. 그는 또 "이런 빌미를 준 우리 스스로에게 먼저 팔매질을 해야 하는 것은 아닌지 각성이 있어야 한다"고 지적했다.

격려의 덕담이 오가던 자리는 숙연해지기 시작했다. 한 시대를 치열하게 걸어온 노老 논객은 "민주언론의 대장정에는 종착역이 없다. 고난의 길, 지루한 싸움을 통해 획득하는 것이 저널리스트에게 부여된 역사의 부름이다. 부디 나 같은 '사이비 대기자'를 밟고 넘어서서 언론민주화를 이루기 바란다"고 발언을 마무리했다. 그의 말은 의례적인 답사가 아니라 2009년 한국 현실을 통찰하고 언론인들이 나아갈 바를 밝힌 절절한 호소문에 가까웠다.

앞서 축사에서 엄기영 사장은 "요즘처럼 안팎으로 어려운 언론상황을 맞아 공영방송이 위기에 처하고 보니 김중배 사장이 지금 문화방송에 계셨더라면 하는 아쉬움이 솔직히 있다"고 말했다. 이에 대해 김중배 선생은 답사에서 자신을 반면교사로 삼아 후배들이 고난의 길을 역사의 책무로 삼아 뚜벅뚜벅 걸어갈 것을 요청한 셈이다. 이는 또 엄기영 사장의 "(김사장의) 그 빈자리는 남은 후배들이 채워나가야 한다고 생각한다"는 말과 상통한다.

이제 문제는 실천이다. 지금 언론계에 주어진 과제는 오롯이 현재의 언론인들이 감당하고 극복해야만 한다. 차마 형언할 수 없을 정도로 엄혹한 시절을 올곧음과 치열함으로 걸어간 선생과 같은 선배들의 경로에서 교훈을 얻어야 한다. 하지만 김중배 선생을 '우리 사회의 신화이자 전설이었고 우리 곁에 있는 큰바위 얼굴'로 존경하면 할수록 그 그늘에 숨고 싶은 우리의 의존심 또한 깊어지게 된다.

언론계에 남아 있는 후배들은 하염없이 휘몰아치는 이 고난의 길, 종착역 없는 대장정이 두렵기만 하다. 이날 나는 행사 후의 뒷풀이에 가지 못했다. 늘 가는 프레스센터 뒤 단골 태진 식당에서는 예전같지는 않더라도 또 술이 미디어임을 확인하는 자리가 벌어졌을 것이다. 하지만 선생의 빈자리가 벅차기만 한 주제에 나는 마주 뵈올 면목이 없었다. 밟고 넘어가기는커녕 제 앞가림도 못하고 있으니……

(2009)

지리산과 작가 이병주 그리고 나

이 겨울, 돌연 떠나고 싶은 곳이
있다. 요즘 세상 돌아가는 꼴을 보면 시절이 하 수상하고 가슴이
답답해 차라리 한동안 냉동인간이 되었다가 세상 좋아지면 다시
깨어나고 싶다. 그런 당치도 않은 생각이 엄습할 때 표표히 떠나
잠시 심사를 달랠 수 있으면 얼마나 좋으랴. 누구나 마음 한구석
에 그런 장소 한두 곳을 간직하고 있기 마련이다. 나라면 그런 곳
으로 지리산을 들 수 있다. 문득 눈 덮인 지리산의 모습이 가슴
벅차게 떠오른다.

내가 지리산을 처음 올라간 것은 1985년이니 갓 이십대 중반
을 넘겼을 때다. MBC에 입사한 첫해에 〈지리산의 사계〉라는 프
로그램 제작에 조연출로 참여한 것(연출 김윤영). 이 프로그램은
한 해 동안 지리산의 사계절을 담는 자연다큐멘터리였다. 연간
제작 후 1986년 2월에 방송되었는데 지리산의 수려한 경치와 동

식물의 생태를 담은 프로그램으로 좋은 평가를 받았다.

당시 방송가에는 〈한국의 나비〉 〈한국의 물고기〉와 같은 특정 개체의 생태를 담는 프로그램과 〈지리산의 사계〉 〈한강의 사계〉와 같이 사계절에 걸친 풍광과 환경을 담는 프로그램들이 한 때를 풍미했다. 갓 방송사에 입사한 내게는 모든 것이 새로운 경험이었는데 〈지리산의 사계〉로 1년간 산이라고는 정말 원 없이, 신물 나도록 탔다. 지리산을 간 것도 그때가 처음이었다.

"거기 산이 있어 간다"는 이도 있지만 "어차피 도로 내려올 거 왜 기를 쓰고 올라가냐"는 사람도 있다. 고백하자면 나는 후자 쪽이어서 평소에 등산을 즐기지 않았다. 집 근처 동산이면 몰라도 한반도 남부 최고봉인 지리산(해발 1915미터) 등산은 엄두도 내지 않았고 그럴 만한 기회도 없었다. 그때까지 내게 지리산은 소설가 이병주의 《지리산》으로만 자리 잡고 있었다.

이병주의 《지리산》은 내가 읽은 작품 중에 감히 한국문학의 명작으로 꼽는 작품이다. 이 소설은 1978년에 완간되었는데 일제 치하와 해방, 분단, 전쟁 등 한국 현대사의 상처에 그처럼 정면으로 다가가는 소설은 당시에도 드물었고 지금도 많지 않다고 생각한다. 한번 손에 들면 놓기 어려운 이병주 소설. 밤이 깊도록 대하소설 《지리산》을 쌓아놓고 가슴 졸이며 책장을 넘기던 기억이 선연하다.

작가 이병주와의 만남은 학창시절인 고등학교 때로 거슬러 올라간다. 물론 실제가 아닌 작가와 독자로서의 만남이다. 당시 그는 월간 《신동아》에 해방 직후 미군정기와 이승만 치하를 다룬

《산하》를 연재하고 있었는데 학교 도서관에서 우연히 이 작품을 보게 되었다. 이 소설의 들머리에서 독자의 가슴을 강하게 치는 한마디. "태양에 바래지면 역사가 되고 월광月光에 물들면 신화가 된다." 알 듯 말 듯한 얘기가 오래도록 뇌리에 남았다.

그로부터 나는 나림那林 이병주 선생의 열렬한 애독자가 되었다. 그때까지 출판된 그의 모든 작품에 대한 섭렵에 나섰다. 《소설 알렉산드리아》《관부연락선》《망명의 늪》《예낭풍물지》《낙엽》《망향》《행복어사전》《바람과 구름과 비》 등 작품의 질(?)을 가리지 않고 수상집까지 망라했을 정도다(사실 그의 일부 작품은 '태작'이라는 평가를 받기도 한다). 대학 입학 이후에도 이 같은 이병주 마니아 현상은 계속되었다.

왜 그렇게 나림의 세계에 탐닉했을까. 우선 스토리텔러로서 그의 빼어난 역량이다. 일단 줄거리가 재미있다. 또 한국의 어떤 작가보다 장대한 작품의 스케일은 그의 독자들을 일본으로, 중국 소주蘇州로, 남방군도로, 이집트로 견인한다. 그리고 역사에 대한 성찰과 응시, 권력에 대한 허무주의, 엄청난 박람강기博覽强記에서 나오는 다채로운 소재 등에 매료되지 않을 수 없다. 어떤 작가를 좋아하면 그 작가의 모든 작품을 싹쓸이해서 읽는 법이 문학작품 감상법에 있다고 하니 당대의 작가 이병주와 함께한 나의 학창시절은 분명 행운이었다.

《관부연락선》과 《지리산》《산하》로 이어지는 그의 현대사 대하소설은 일제강점기와 해방공간, 건국 초기상황에 대해 많은 것을 생각하게 해주었다. 1970년대 후반과 1980년대 초반, 엄혹한 권위주의 정권이 기승을 떨칠 당시 《해방전후사의 인식》 시리즈가 대학생의 필독서로 떠올랐다. 그런데 이병주의 소설들에는 사회과학적 조명이 닿지 못하는 역사의 이면에 대해 성찰할 수 있게 하는 바가 많았다. 물론 그의 소설에도 한계는 있지만 시대상황의 제약을 감안하지 않을 수 없을 것이다. 감히 말하건대 이병주가 있었기에 조정래가 나올 수 있었다.

나의 편력은 계속되었다. 그의 소설에서 등장인물을 통해 언급되는 《도덕적 인간과 비도덕적 사회》(라인홀드 니버), 《역사를 위한 변명》(마르크 블로크), 《마르쿠제 행복론》(루드비히 마르쿠제) 등을 일부러 찾아서 읽기도 했고 스페인 내전에 관심을 갖게 된 것도 그의 소설 덕분이다. 작가 이병주는 내 젊은 날에 치열히 사숙私淑한 스승이었다고 해도 과언이 아니다. 한때는 그에 대한 작가론, 작품론 등 평론을 써보겠다고 소설에 나오는 주요한 말을 뽑아서 별도의 어록집을 만들기도 했다.

이쯤 되면 그를 직접 만나보고 싶지 않겠는가. 왜 안 그렇겠는가. 뜻이 있는 곳에 길이 있었다. 대학 시절 나는 학교 신문사에서 활동을 했는데 여기에서는 재학생들을 대상으로 하는 문학상 공모가 있었다. 어느 해인가 나는 이번 문학상 심사는 이병주 선생이 하는 것이 좋겠다고 주장하고 이를 관철했다. 그리고 예심에서 추린 작품을 들고 청파동에 있던 나림의 자택을 찾았다. 댁에 들어가자마자 나를 압도하는 것은 방마다 벽마다 빽빽이 들어찬 무수한 책들이었다. 대작가의 광대한 작품세계가 괜히 나온 것이 아니었다. 한마디로 야코가 죽을 수밖에…….

| 천왕봉 정상에 선 이병주 선생과 필자

　MBC 입사 후 〈지리산의 사계〉를 만들 때, 나는 소설가 이병주 선생을 이 프로그램에 출연시키는 것이 어떻겠느냐고 연출을 맡은 선배에게 제안했다. 지리산 정상에서 《지리산》의 작가 이병주가, 명산 지리산이 한국인의 삶과 역사와 얽힌 유장한 내력에 대해 멘트를 하는 설정이었다. 자연다큐멘터리를 표방한 이 프로그램에 동식물 생태전문가도 아닌 작가의 등장은 의외일 수도 있었다.

　하지만 우리 현대사에서 각별한 의미를 가진 지리산을 프로그램으로 제작하면서 이병주 선생을 그냥 넘어갈 수는 없지 않느냐는 것이 나의 소박한 생각이었다. 고맙게도 이 아이디어는 채택되었고 1985년 당시 64세의 노익장을 모시고 지리산 천왕봉을 올랐다. 노 작가와의 지리산 동반 등정은 황송하였고 감사했다.

〈지리산의 사계〉에서 이병주 선생의 출연은 이 프로그램의 차원을 한층 높여주었다고 생각한다.

이렇듯 나의 지리산 얘기는 방송 프로그램 〈지리산의 사계〉, 소설 《지리산》과 뗄래야 뗄 수 없다. 이 겨울 헛헛한 마음을 달래기에는 눈 덮인 지리산 등산이 제격이다. 눈이 녹기 전에 차림을 갖추어 지리산을 오르고 싶다. 천왕봉, 노고단, 벽소령 능선들이 아스라하게 떠오른다. 연화봉 고사목과 제석봉 상고대의 풍경은 어떻게 되어 있을까……

그 언저리에서 권력의 허망, 역사의 섭리를 설파한 이병주의 문학세계를 떠올리고 싶다. 그리고 귀로에는 지리산 자락 하동군 북면에 있다는 이병주 문학관에 꼭 들르고 싶다. "역사는 산맥을 기록하고 나의 문학은 골짜기를 기록한다"는 이병주 선생의 그 특유의 육성을 다시 듣고 싶다. 필자에게 소망이 있다면 〈지리산의 사계〉 방송 25주년이 되는 2011년에 〈지리산의 사계, 그후 사반세기〉와 같은 다큐멘터리 프로그램을 연출하는 것이다.

(2009)

마이클 크라이튼과 나

소설 《쥬라기 공원》의 작가 마이클 크라이튼이 2008년 11월 5일 사망했다. 오바마가 대통령으로 당선된 직후였는데 미국 언론은 전 세계에 그의 죽음을 즉각 알렸다. 향년 66세. 그는 세기의 화제작 《쥬라기 공원》 외에도 《콩고》 《스피어》 《떠오르는 태양》 《폭로》 《잃어버린 세계》 《타임 라인》 등 걸출한 SF소설을 썼다. 내가 매우 좋아하는 작가 중의 한 사람이다. 미국인 남성의 평균수명이 80세에 육박하는 시대에 그는 아직 젊은 나이로 좋은 작품을 더 쓸 수 있었을 텐데 참으로 아쉽다. 보도에 따르면 그는 암으로 투병 중이었다고 한다.

생전에도 운영되던 그의 공식 홈페이지(http://www.crichton-official.com)에 들어가니 그는 "부인 셰리에게 헌신적인 남편, 딸 테일러의 사랑하는 아버지 그리고 친구들에게 관대한 이로서 새로운 눈을 통해 우리 세계의 경이로움을 보려고 애쓰는 우리들을 고무했다"고 추모되고 있다. 또 그는 "책을 통해 모든 연령의 학생들에게 영감을 불어넣었고, 모든 분야의 과학자들에게 도전했으며, 모든 방식으로 세상의 신비에 색채를 가미했다"고 평가되고 있다. 대체로 공감하고 동의한다.

내가 그를 만난 것은 1991년 소설 《쥬라기 공원》에서다. 나는 가끔 킬링타임용으로 혹은 새로운 지적 자극을 위해 SF 소설을 읽었는데 그전까지는 주로 로빈 쿡이나 아시모프의 작품을 보았다. 그러다가 마땅한 것이 없으면 SF의 원조라고 할 수 있는 쥘 베르느까지 찾아 읽곤 했다. 이러한 작품세계에는 작가들의 상상력이 펼쳐져 있고 무엇보다 문명비판적 통찰력이 깃들어 있기 때문에 좋아했다. 그러던 어느 날 마이클 크라이튼을 만나고서는 흠뻑 반하고 취했다.

많은 사람들이 알고 있듯 《쥬라기 공원》은 보석의 일종인 호박 안 화석으로 있는 흡혈곤충(모기) 내에 중생대 시절의 공룡의 피가 들어 있을 수 있다는 가정 아래 이 피에서 공룡의 DNA를 되살려 각종 공룡을 복제한다는 대담한 발상을 근거로 한 소설이다. 여기에 카오스이론이니 프랙탈이론이니 복잡한 첨단 과학이론을 집어넣어 과학에 문외한인 나를 홀렸다. 초식공룡, 육식공룡, 익룡 등을 오늘에 되살려 테마파크를 만든다니……. 실로 엄청난 상상력인데 이를 작품 속에서 치밀하게 재현하는 과정이 과학적으로 문학적으로 너무 그럴듯했다.

그로부터 나는 마이클 크라이튼의 '광팬'이 되었다. 1942년 미국 시카고에서 태어나 하버드대 영문학부에 진학했던 그는 인류

학으로 전공을 바꿔 1964년 수석 졸업했다. 이후 케임브리지대 방문연구원을 거쳐 하버드대 의대에 진학했으나 '의학은 상상력이 결핍되어 있는 분야'라며 소설가의 길을 택했다고 한다(이미 의대 1학년 시절에 쇠톱으로 두개골을 절개하는 엽기적인(?) 수업 직후 의대를 포기하기로 결심했다). 비범한 학벌과 독특한 이력은 그의 작품에서 전문적인 플롯과 과학적 디테일로 나타난다. 여기에다 잘생기고 2미터가 넘는 장신의 백인이라는 것은 머나먼 한국 독자의 기를 죽이기에 충분했다.

어느 작가에 한번 빠지면 그의 모든 작품을 수집하고 섭렵하는 버릇이 있는 나는 속된 말로 마이클 크라이튼을 '작살'냈다. 데뷔작인 《안드로메다 스트레인》부터 쾌재를 부르며 구독했다. 이후 과학, 의학 등 관련 전문용어가 엄청나게 나오는 그의 소설을 원전으로 읽을 엄두는 못 내고 신작이 나올 때마다 그저 어서 빨리 번역본이 출판되기만을 기다렸다. 심지어 소설이 아닌 그의 수필집 《여행》을(물론 처음에는 소설로 잘못 알고) 사서 읽기도 했다. 이렇게 한 작가에 빠져보기는 고교 시절 한국 작가 이병주 이후 오래간만의 일이었다.

《쥬라기 공원》 외에 마이클 크라이튼의 소설을 꼽아본다. 영장류가 가진 언어능력의 기원과 본질에 대해 질문을 던진 《콩고》, 외계인의 존재와 인류의 소통방식에 대해 생각하게 하는 《스피어》, 일본 자본과 일본 문화에 대한 미국인들의 공포와 혐오를 그린 것으로 보여지는 《떠오르는 태양》, 성희롱sexual harassment은 성 문제가 아닌 권력의 문제임을 '폭로'한 《폭로》, '쥬라기 공원'

의 속편으로 생명은 통제되지 않음을 역설한 《잃어버린 세계》, 눈에 보이지 않는 초미세입자 나노테크놀로지의 위험을 경고한 《먹이》, 과학소설의 오랜 과제인 타임머신 문제를 새로운 물리학 이론에 입각해 펼친 《타임라인》 등 그의 주요작을 거의 독파했다. 그의 본명으로 발표된 《안드로메다 스트레인》 이후 15편에 달하는 이들 작품은 전 세계 30여 개 언어로 번역돼 총 1억 권 이상 판매됐다.

이렇듯 그의 소설은 풍부한 전문지식이 포함돼 있어 종전의 SF소설에서 한 걸음 더 나아가 KF, 즉 지식소설Knowledge Fiction로 불리운다. 흥미 만점인 그의 작품은 대부분 영화화되어서 소설을 읽은 이후에는 동명의 영화가 나오기를 기다려 이를 관람하는 것도 빼놓을 수 없는 취미이자 즐거움이 되었다. 그의 소설은 치밀한 복선과 스토리텔링을 갖고 있어 영화화하기도 좋아보였다. 크라이튼의 작품을 원작으로 한 영화는 대부분 흥행도 좋았는데 그중 〈쥬라기 공원〉 〈잃어버린 세계〉 등은 할리우드의 자본과 스필버그라는 걸출한 제작자를 만남으로써 공전의 흥행기록을 올렸다. 그래서 "〈쥬라기 공원〉 영화 한 편이 현대자동차가 포니 차 만들어 판 것보다 더 많은 수입을 올렸다"는 말이 나왔고 이후 문화콘텐츠의 산업적 중요성을 강조할 때마다 한국에서는 이 영화가 인구에 회자되었다.

말이 나왔으니 말이지 그는 소설작품에 만족하지 않고 영상으로 그의 세계를 펼쳐보이기도 한 영상예술인이기도 하다. 로빈 쿡 원작으로 장기 매매를 다룬 〈코마〉와 숀 코네리가 주연으로 나오는 〈대열차 강도〉의 감독을 맡기도 했다. 또 유명한 TV시리즈물인 〈ER(응급실)〉의 제작자로 1995년 에미상에서 8개 부문을 휩쓸었다. 컴퓨터게임에도 심취해 아마존, 타임라인 등을 개발했다고 하니 그의 다재다능에 입을 다물 수 없다.

PD로서 스토리텔러인 그에게 배울 점은 허다하다. 첫째로 대담한 발상과 상상력이다. 그의 작품 전편에 걸쳐 발견되는 것이기도 하지만 앞서 말한 바와 같은 공룡 테마파크(《쥬라기 공원》)나 외계인과의 소통(《안드로메다 스트레인》《스피어》), 시간이동과 역사관광(《타임라인》) 등은 그 대표적인 소산물이라 할 수 있다. 그에 따르면 자신의 문학적 근저에는 윌리엄 골딩의 《파리대왕》, 마크 트웨인의 《미시시피에서의 생활》 등이 있다. 특이하게는 프로이트를 좋아하는데 그는 "프로이트를 의심할 바 없이 20세기의 가장 위대한 소설가라고 생각한다"고 했다(홈페이지). 이런 문학적 감수성과 인문학적 세례를 통해 작가 크라이튼은 만들어진 것이다.

그가 어린 시절에 읽은 책 중에 지금도 손꼽는 것으로는 코난 도일의 《바스크빌 가의 개》, 윌키 콜린스의 추리소설 《흰 옷을 입은 여인》, 쥘 베르느의 《신비의 섬》 등이 있다고 한다. 그래서인지 그의 두 번째 특징으로 새로운 영역과 소재를 발굴하는 지적인 호기심과 탐구심을 들 수 있다. 크라이튼은 유년 시절부터 추리소설과 SF소설에 끌린 것이다. 여기서 시작한 그의 관심분야는 참으로 다양하다. 이를 보고 있노라면 이 작가의 영역이 어디까지 갈 것인지 짐작조차 할 수 없다. 최근작인 《공포의 제국》이나 《넥스트》는 지구온난화와 유전자변형 문제까지 이어져 있다(《넥스트》에는 황우석 박사 얘기까지 나온다).

다음으로 이를 소설적으로 입증하고 구현하기 위한 철저한 자료조사다. 너무나 전문적인 영역이라 일반 독자들이 잘 알 수는 없지만 그는 과학적인 고증에 철저하다. 책 말미에는 참고문헌이나 도움 준 사람들 리스트가 나오는데 웬만한 논문 이상이다.《넥스트》의 경우 9페이지에 이른다. 그가 작품을 만드는 순서는 먼저 스토리를 만들고 여기에 등장인물들을 따라가게 한다. 필요한 자료는 만족할 때까지 찾는다. 답사를 하고 전문가를 만나며 관련 과학기술 기사들을 철저하게 검색한다. 그런 탓인지 그의 작품은 최초 발상에서 완성까지 오랜 기간의 숙성을 필요로 한다. 크라이튼에 따르면《스피어》가 20년,《쥬라기 공원》이 8년,《폭로》가 5년씩 걸렸다고 한다.

마지막으로 간과할 수 없는 것은 주제의식이다. 그의 작품은 인류문명에 대한 통찰력을 기반으로 상당할 정도의 비판과 회의를 깔고 있다. 과학의 발달, 기술의 진보로 문명은 새로운 단계를 맞고 있다. 그러나 그의 작품 속에서 등장인물들의 시도는 대부분 실패한다. 그것은 그들의 오만과 욕심 때문이다. '공룡 테마파크'나 '14세기 프랑스 역사관광'은 뜻을 이루지 못하고(《쥬라기 공원》《타임라인》), 고릴라는 죽고 다이아몬드는 용암 속에 파묻히며(《콩고》), 인간과 침팬지 사이의 유전자변형 생명체인 데이브는 결국 제거된다(《넥스트》). 그리고 대부분의 악인들은 지옥으로 간다.

이렇듯 그는 인간들의 불신과 소통의 부재, 조직과 권력의 왜곡을 냉철하게 그리고 있다. 그리고 생명의 기원과 본질에 관해 부단한 질문을 던지고 있다. 권선징악의 구도에 기초하되 인류의 탐욕과 문명의 오만에 대해 전지적 작가의 손으로 응징하고 있다. 마이클 크라이튼을 단순한 흥미 위주 SF소설 작가로 볼 수 없는 이유는 이 때문이다.《쥬라기 공원》의 영화 제작을 맡았던 스티븐 스필버그 감독은 "크라이튼은 과학과 거대한 극적 발상을 융합하는 데 탁월했다"면서 "누구도 그의 빈자리를 대신할 수 없을 것"이라고 아쉬워했다고 한다. 공감하며 새삼 애도의 뜻을 표한다.

보도에 따르면 "그는 암과 용기 있고 사적인 투쟁a courageous and private battle against cancer"을 한 것으로 전해졌다. 유족들은 구체적인 병명을 알리지 않았다. 공식 홈페이지에서 가족들은 "(크라이튼의 사망으로) 어려운 시기인 만큼 프라이버시를 존중해달라고 정중히 요청"하고 있다. '사적私的'이라는 말로 인한 불필요한 상상력을 억제하는 것은 고인에 대한 예의다. 하지만 의학과 과학에 비상한 지식을 가진 그가 정작 무슨 암으로 사망했는지를 알고 싶은 것은 순수한 독자로서 알고 싶은 호기심의 영역이기도 하다. 여기에는 살아서 더 좋은 작품으로 인류에 대한 메시지를 던져주어야 할 그를 홀연히 앗아간 병마에 대한 유감도 분명히 있다. 대관절 무슨 암이기에…….

그는 수필집《여행》에서 이르기를 "상황이 나빠질 때마다 나는 먼 여행을 떠났다. 여행을 마친 후에는 새로운 균형감각을 가지고 삶으로 돌아왔다. 멀리 떠나 있으면 자신에 관해 뭔가 발견할 수 있었다"고 했다. 66세의 삶을 마치고 먼 여행을 떠난 그는 이제 저승에서 새로운 자신을 되찾고 또 새로운 얘기를 들려주고 있을 것인지……. 그의 16번째 소설은 사후세계의 영성靈性에 관한 것일는지 혹은 인류 멸망 이후 나타날 지구의 새로운 종에 관한 이야기일지……. 마이클 크라이튼의 다음 작품이 기다려진다. 다시는 나오지 않을 그의 소설이. 그가 떠난 자리를 댄 브라운이 차지할 수 있을지는 미지수다.

(2008)

1년에 '새해'는 제발 한 번만

2월 18일, 올 설날도 어김없이 TV방송의 출연자들이 곱게 한복을 입고 나와서는 "새해 복 많이 받으세요"를 합창했다. 어느 방송사에서는 정시 뉴스의 앵커들이 나란히 한복을 입고 나와서 한결같은 말을 했다. "새해 복 많이 받으세요"라니. 지난 1월 1일에도 귀에 못이 박히도록 많이 듣던 얘기다. 그때의 새해는 무엇이고 이번의 새해는 무엇인가. 나는 헷갈린다. 연전에는 '새해 해맞이'를 양력 1월 1일(신정)에도 하고 음력 1월 1일(설날)에도 하곤 했다. 1년에 두 번씩 하는 새해맞이. 생각하면 당치 않은 일인데 시속時俗은 그렇지 않은 모양이다. 그나마 최근에는 신정의 해만 새해로 치는지 설날의 새해맞이는 요즘 방송에는 덜 나오는 듯하다.

새해가 1년에 두 번이나 있는 나라. 바로 우리 한국이다. 과문한 탓으로 다른 나라에서도 그런지는 모른다. 태음력의 전통이 남아 있는 나라는 많지만 가까운 중국도 원단元旦은 1월 1일이고 음력 1월 1일은 따로 춘절春節로 치고 있다. 물론 양력 원단 때보다 더 오래, 일주일씩 놀긴 한다. 그러나 양력 1월 1일엔 '신니엔 콰이러新年快樂(새해에 즐거우세요)'를, 음력 1월 1일에는 '춘지에 콰이러春節快樂(춘절에 즐거우세요)'를 외친다. 이른바 신중국 이후에 정착된 일이라고 하지만 중국인에게 새해는 어디까지나 양력 1월 1일인 것이다.

올해는 정해년丁亥年이라고 한다. 600년 만의 황금돼지해라고 말이 많더니 이것이 근거 없다는 얘기도 돌았다. 그런데 띠는 설날이 아니고 입춘을 기점으로 바뀐다는 것이 역술계의 정설이란다. 조금 있더니 그게 아니고 띠는 동지를 기점으로 바뀐다고 주장하는 도사들도 나왔다. 혹자는 "양력 1월 1일은 국가가 공식적으로 정한 것이니 법적인 새해로 치고, 음력 1월 1일은 전통적인 설날이니 그날도 새해로 친들 나쁠 것 없지 않느냐. 새해맞이를 또 하며 1년을 다짐하는 웅지를 새로 한 번 더 품어 나쁠 것 없지 않느냐"와 같은 얘기도 하는 모양이다.

그런 식이면 1년에 새해를 왜 2번만 하는지 모를 일이다. 입춘도 하고 삼짇날도 하고 우수, 경칩, 춘분, 청명, 한식은 왜 새해로 못할 일이겠는가. 《칠정산》 내외편과 앙부일귀, 측우기를 발명한 빛나는 과학적 전통을 가진 우리가 역법曆法의 기본인 새해조차 표준으로 확립하지 못한다는 것은 말이 안 된다. 작금의 '새해상업주의'는 새해 신수 보기를 한 번이라도 더 띄워야 하는 미아리 역술업계와 새해를 한 번 더 해서 시청률 올리는 데 나쁠 것 없지 않냐는 미디어의 합작품은 아닌지 의심이 간다.

돌이켜보면 전통적으로 우리는 음력을 사용해왔다. 그래서 음력 1월 1일을 설날로 기렸고 그것이 우리의 원단元旦이었다. 그러다 일제강점기에 들어 일제가 양력을 강요했다. 당시 민간에서 음력 설날을 쇠는 것은 민초들의 말없는 반일운동의 성격도 띠고 있었다고 볼 수 있다. 그러나 건국 이후에 국가의 공식 달력은 세계 조류를 따라 양력을 사용했고 음력설은 밀려났다. 이것은 박정희 정권 때 더욱 확고부동했던 일이었다.

그래서 양력설이 거의 자리를 잡았나 했는데 이후의 유사권위주의 정권에서 음력설이 부활되고 설 연휴가 슬금슬금 3일로 늘어났다. 반대로 신정은 하루 만의 휴일로 줄었다. 그야말로 양지가 음지되고 음지가 양지가 되었다. 인기 없던 정권이 요즘 식으로 말하자면 국민에 영합하는 포퓰리즘을 택한 것이다. 이때 음력설을 부활하되 '조상의 날' '경조일敬祖日' 등의 명칭으로 하면 어떠냐는 논의가 잠깐 있었는데 '설날 부활'이라는 거센 기류에 밀려났다. 결국 박정희 정권이 그렇게 막으려 했던 이중과세二重過歲(설을 두 번 쉰다)가 다시 확산된 것이다. 그러고 근 20년이 지나 오늘에 이르렀다!

필자는 기본적으로 지금처럼 음력 1월 1일을 전통의 명절로 삼는 데는 이의가 없다. 이로써 전 세계 한민족 공통·공유의 문화가 된다면 환영할 일이다. 다만 새해는 모름지기 1년에 한 번이어야 할 것인데 어찌하여 두 번씩이나 아무 생각 없이 답습하는가에 대한 문제의식이 있을 따름이다. 그렇다면 새해 첫날은 신정인 양력 1월 1일로 하고 음력 1월 1일은 '원단元旦'의 뜻이 들어가지 않는 다른 명칭으로 삼을 수 없는지('설날'에는 어쩔 수 없이 그런 뜻이 들어가 있다) 순수한 마음으로 사계에 제안한다. 2008년에는 달라질 수 있을지 또 1년 뒤를 기다려본다. 부디 "새해 복 많이 받으세요"는 1년에 한 번만 들을 수 있도록.

(2007)

열정에 관하여

〈연탄재〉라는 시가 있다. 이 시는 잘 알려져 있는 것처럼 안도현의 작품이다.

발로 차지는 말아라

네가 언제 남을 위해 그렇게 타오른 적이 있었더냐

아마도 대부분 한번쯤은 이 시를 접했을 것이라 믿는다. 짧고 간명하여 언어적 조탁의 극치를 이루는 시. 마치 일본문학의 하이쿠俳句를 연상케 하는, 자연과 인생의 한 단면을 극명하게 포착한 이 시구는 많은 이의 사랑을 받고 애송된다. 그런데 이 시의 원래 제목과 내용은 이와 다르다. 구전되는 가운데 혹은 인터넷에서 함부로 퍼다 나르는 과정에서 필경 착오가 발생했을 것이다. 본시는 〈너에게 묻는다〉가 제목이다. 시구도 조금은 다르다.

이는 안도현 시인에게 직접 확인한 것이기도 하다.

> 연탄재 함부로 발로 차지 마라
> 너는
> 누구에게 한번이라도 뜨거운 사람이었느냐

이본異本이든 정본正本이든 시인의 에스프리는 훼손되지 않는다. 안도현은 함부로 버려지는 연탄재를 보며 그것이 불타올랐던 때의 본질을 통찰하고 우리의 가슴을 치는 절구絶句를 안겨준 것이다. 정말 내가 언제 남을 위해 뜨겁게 불타본 적이 있다고, 재만 남도록 치열해본 적이 있다고 연탄재를 감히 발로 찰 수 있을 것인가. 못할 일이다. 부끄러워서라도 차마 못할 일이다.

시인의 영감은 연탄재를 보며 연탄을 추상抽象한다. 골목길 쓰레기통 옆에 버려진 연탄재를 무심히 발로 차는 세인의 인심을 보며 그는 연탄의 화염火焰을 기억한다. 그리고 진실로 누군가를 위해 불타올랐던 자만이 들려주는 생생한 육성을 대신 말하는 것이다. 그는 불붙어 있을 때 연탄만도 못한 세인들이 감히 연탄재를 차는 것에 경종을 울리려 했는지도 모른다.

연탄의 불은 그의 정열이다. 홀로 불타올라 그는 한 세대 전의 한국인들에게 광열光熱을 제공했다. 비록 간헐적으로 일산화탄소로 인한 중독사고를 야기하기도 했지만 이는 사용자의 부주의일 뿐 그의 본의는 아니었다. 그는 자신이 들어가는 자리를 탐하지 않았고 자신의 조건과 처지를 따지지 않았다. 불문이 열리면

안간힘으로 불구멍을 맞추어 불기를 피어올렸다. 최선을 다해 열을 지피면서 발열과 취사라는 본연의 임무를 수행했다. 그리고 재로 남았다. 안도현은 〈연탄 한 장〉이라는 다른 시에서,

> 연탄은, 일단 제 몸에 불이 옮겨 붙었다 하면
> 하염없이 뜨거워지는 것
> 매일 따스한 밥과 국물 퍼먹으면서도 몰랐네
> 온몸으로 사랑하고 나면
> 한덩이 재로 쓸쓸하게 남는 것이 두려워
> 여태껏 나는 그 누구에게 연탄 한 장도 되지 못했네

라고 말하며 그의 '본심'을 토로했다. 그가 〈너에게 묻는다〉에서 왜 연탄재를 함부로 차지 말라고 했는지 알 것도 같다.

재가 되는 것이 두려워 한 번도 타오르지 못한 인생. 그것은 그저 허접한 석탄 뭉치일 뿐이다. 연탄이 타오르는 것은 바로 그 자신의 정체성 때문이다. 연탄재는 비로소 시인을 넘어 우리에게 경배의 대상이 되지만, 타올라야 할 때 타오르지 못한 인생은 굳어버린 채 세월의 더께가 된다. 타인을 탓하고, 남을 허물하기보다 찬연히 타올라 소진消盡해야 한다.

타오르고 싶은 연탄의 본능, 나는 이를 열정이라고 말하고 싶다. 그리고 그 반대는 아마도 냉소주의가 될 것이다. 문득 거울을 보고 싶고 주변을 둘러보고 싶다.

(2006)

모차르트에 감염되다
오 즐거운 전염이여

외우畏友 이채훈을 만난 것은 방송
사에 입사해서부터니 어언 20여 성상星霜이 훌쩍 넘었다. 그동안
〈평화, 멀지만 가야 할 길〉 〈이제는 말할 수 있다〉 〈다큐멘터리
미국〉 〈정전협정 50주년 특집〉 〈천황의 나라 일본〉 등의 프로그
램을 가열차게 만드는 다큐멘터리스트로서, 일필휘지하는 성명
서와 사자후를 토하는 '파업특보'로 20세기 말 한국 언론노조운
동의 한 획을 그었던 '투사'로서의 그의 면모는 잘 알려져 있다.
그러나 이것이 전부가 아니다. 이채훈은 방송계에서 손꼽히는 클
래식 마니아다.

그가 클래식 음악에 조예가 있다는 것을 아는 데는 많은 시간
이 필요치 않다. 일하는 중에도 끊임없이 클래식 곡조를 흥얼거
리며, 어떤 때는 몰아의 경지에 빠져 연신 고개를 끄덕거리는 모
습은 익숙한 정경 중의 하나다. 그 질긴(?) 곱슬머리를 손으로 마

구 꼬는 모습도 빠지지 않는다. 그의 한 손에는 다큐멘터리와 노조운동으로 대표되는 치열한 시대정신이, 다른 한 손에는 음악과 사람을 대책 없이 좋아하며 철없는 소년처럼 순수난만한 낭만주의가 들려 있다.

이채훈은 클래식에 대한 취미를 갈고 닦아 전문적 소양으로 발전시켰다. 그는 교양피디로서 음악 관련 프로그램을 성공적으로 연출해냈다. 그의 필모그라피엔 예의 시사·역사 다큐멘터리 외에 음악예술에 관한 프로그램이 뚜렷한 계보를 이루고 있다. 정 트리오, 장영주, 장한나 특집 프로그램들이 다 그 소산이다. 모두 완성도와 대중적 접근성이 뛰어난 프로그램이었는데 실제로 20퍼센트에 육박하는 상당한 시청률을 올리고 방송가의 유수한 상을 받기도 했다. 음악을 좋아하고 아는 연출자가 만든 프로그램이기에 시쳇말로 귀썰미가 다르고 손맛이 달랐다.

그렇게 연년세세 음악의 전문성을 축적하더니 올 3월에 이채훈이 아니면 만들 수 없는 프로그램인 〈모차르트 탄생 250주년 특집 다큐멘터리 2부작〉을 기획·연출했다. 그러고서는 방송을 앞두고 주한 오스트리아 대사, 앙드레 김, 네 손가락의 피아니스트 희아 그리고 모차르트 동호인들이 대거 참석한 공개시사회를 대형 스크린이 있는 시내 극장가에서 개최해 화제를 불러일으켰다. 이 자리에서 이채훈은 머지않아 모차르트 음악 지휘자로 데뷔할 것을 공언했다. 프로그램 홍보용으로 그냥 해보는 소린가 했더니 그게 아니었다. 절치부심 일로매진 후, 5개월 만에 국립박물관 가족음악회에서 하얀 턱시도를 입고 진짜로 무대에 올라 멋들어지게 오케스트라를 지휘해서 지인들을 깜짝 놀라게 했다. 그러더니 이제 모차르트와 관련된 책을 내기에 이르렀다. 참으로 대단하다. 나로서는 부럽고 부끄럽다.

그 자신이 말하고 있듯 이 책은 이채훈의 35년간 모차르트 사랑을 솔직하게 피력한 '간증' 같은 것이다. 중학교 1학년 때 누나의 유품 LP음반에서 '아이네 클라이네 나흐트 무지크' K.525의 3악장을 처음 들었던 것에서 시작된 그의 모차르트 음악 역정이 고스란히 담겨 있다. 방송 측면에서 보자면 피디가 수년간의 제작 관련 기록을 꼼꼼히 챙겨두었다가 집대성한 '프로그램 제작기'가 될 것이며, 음악 측면에서는 한 음악 애호가가 애증의 여로를 넘나들며 마침내 모차르트 전문가가 되는 저간의 과정을 담은 '클래식 음악 감상을 위한 색다른 해설서'가 될 수도 있을 것이다.

그러나 무엇보다 이 책은 그 진솔하고 서정적인 필치로 한 인간의 방황과 고뇌의 궤적을 담은 뛰어난 '성장문학'이라 해도 손색이 없다. 한 다큐멘터리스트가 위대한 음악가를 상대로 시간의 마모성磨耗性을 뛰어넘어 음악을 통해 이야기를 걸고 정담을 나누는 따뜻하고 아름다운 정경이 여기 있다. 책을 읽다보면 이채훈의 인생 유로를 따라가며 그가 모차르트와 소통하며 영감을 주고받는 영롱한 교직交織의 합주곡을 듣는 듯하다. 때로는 아다지오로 때로는 비바체로 구비친다.

대관절 이채훈은 전생에 모차르트와 무슨 연緣과 업業이 있더란 말인가. 그가 모차르트를 만나서 알게 되고 사랑하게 되는 35년간의 전말을 보면 참으로 질긴 인연이라는 걸 알 수 있다. 그가 모차르트 음악세계에 개안하는 순간의 다음과 같은 묘사는 숨 막힐 정도로 아름답다. "3악장 미뉴에트의 트리오 부분, 음악에서 은은한 빛이 흘러나오는 것을 느꼈다. 갑자기 세상이 밝아졌고, 순결한 영혼들이 춤을 추고 있는 영상이 눈앞에 나타났다." 그는 곡을 연주하는 모차르트를 본 듯한 '데자뷔' 현상을 겪는가 하면 '천국이 열리는 듯한 환상'도 체험한다. 이후 모차르트를 듣다가 공포에 떨기도 했고, 퀴즈대회 출전을 앞두고 용기를 얻기 위해 모차르트를 듣기도 했다. 마침내 '세상이 밝아지는 느낌'을 거쳐 "피로에 지친 삶, 안단테의 속도로 걸어가다가 피안의 아름다운 환상을 본다. 이윽고 …… 마지막 눈물 한 방울이 남아 있다"는 거의 카타르시스의 극치에 이른다. '간증'이라더니 가히 종교적 법열의 경지다.

　그렇다고 이 책에서 이채훈이 모차르트에 대해 맹목적인 예찬만 하지도 않는다. 모차르트의 일생을 치밀하게 들여다보며 시대 상황과 그의 행보를 예술사회학적 시각으로 분석한다. 또 일부 오페라 작품에서의 대본의 한계와 음악적 완성도 문제에 대해 비판적인 메스를 가하기도 한다. 이 책이 여느 모차르트 해설서나 전기와 다른 점은 바로 이것이다. 그리고 나름대로 성실하고 진지한 추론 끝에 신비주의를 배격하고 모차르트를 천재나 악동이 아닌 '마음의 인간'으로 바라보고 있다. 모차르트 마니아로서의 애정 한편으로 다큐멘터리스트로서의 엄정을 견지하고 있는 것이다.

　이채훈은 말한다. "음악을 이해한다는 것이 음악을 사랑한다는 말과 동의어라고 볼 때, 내 관심은 음악 사랑하는 마음을 나누고, 전염시키고, 전염당하는 일뿐이다." 그렇다면 이는 필경 '즐거운 전염'이 될 것이다. 그가 말하듯 그와 우정을 나누는 사람들은 늘 모차르트 음악을 함께 나눈다. 음악을 사랑하는 마음은 우정을 통해 가장 잘 전달된다는 것이 그의 지론이다. 그 덕분에 주변 지인들은 모차르트에 기꺼이 감염되는 것이다. 그리고 또 이채훈에 전염된다.

이 글을 쓰는 필자는 지금 속상하게도 병실에 누워 있다. 그런데 그가 내게 모차르트 시디를 한아름 선사해주고 갔다. 아프거나 우울할 때는 〈돈 지오반니〉 중 '체를리나가 마제토를 위로하는 노래' 혹은 〈마술피리〉에서 '세 소년이 파미나를 달래는 노래'가 딱 필요하다며 특별히 선곡까지 해주었다. 목하 나의 병명은 '세균 감염으로 인한 염증'인데 그가 준 이 백신으로 이 나쁜 병균을 물리쳐야겠다. 그리고 모차르트에 기꺼이 감염되고 말겠다.

그가 말했듯 우리 모두는 모차르트에게 빚졌다. 이제 나는 이채훈에게 빚졌다. 모차르트가 인간이 몸으로만 이뤄진 존재가 아니라 보다 가치 있는 존재라는 것을 일깨워주었듯 그는 모차르트의 이름으로 내게 우정의 힘을 깨우쳐주고 있다. 바야흐로 〈돈 지오반니〉와 〈마술피리〉를 들어야겠다. 모차르트에 감염되다. 오오 유쾌한 전염이여……

— 《내가 사랑하는 모차르트》에 부치는 발문.

(2006)

영혼을 울린 한 마디
─ "나는 밥에 취해서 산다. 명백한 중독"

어떤 것 없이 살 수 없을 때 우리는 그 어떤 것에 중독되었다고 말한다. 나는 밥에 중독되어 있는 것 같다. 매일같이 밥을 먹지 않고 살 수 없으니 나는 밥 중독자다. 나는 오늘도 부지런히 일어나 밥을 사냥하기 위해서 영광스런 일터로 나아간다. 나는 밥에 취해서 산다. 명백한 중독.

— 정현종 시집《나는 별아저씨》(1978) 중에서

문학을 동경하며 시인을 꿈꾸던 시절이 있었다. 다들 왕년에 그런 열병을 앓곤 하지만 나름대로는 진지했던 때였다. 습작 노트의 졸시拙詩를 들고 그것도 시랍시고 여기저기 다닌 것이 무릇 기하이며, 해마다 이맘때쯤의 신춘문예 계절에 주택복권 사는 심정으로 기웃거리다 결국 낭패감에 사로잡혀 통음을 했던 것은 또 무릇 기하인가. '문청' 시절의 그 기약없음과 덧없음은 지금은 가지 못한 길에 대한 아쉬움으로 반추된다.

　돌이켜보면 무엇 때문에 그렇게 시를 추구했던 것일까. 그 시절 시는 내게 명징한 언어의 조탁으로써 인간의 삶과 사물들에 대해 질서를 부여하거나 또는 가차 없이 해체하는 주문呪文이었다. 고착된 일상에 매몰된 군상들에게 기존의 권위를 뒤집을 수 있게 하고 때로는 이를 조롱하며 통쾌하게 풍자하는 그 무엇이었다.

　사람이 살아가는 것이 사실상 밥에 중독되어 있는 것이라니. 정현종 시인의 《나는 별아저씨》에서 예의 이 대목을 보았을 때도 그러했다. 마약 중독, 술 중독만 중독인가. 인생이 곧 중독이지. 삶의 관성 속에서 짐짓 모른 체하거나 혹은 인정하지 않으려 하는 우리의 위선을 적나라하게 폭로해주는 말이었다. 그로써 대안 부재의 우리 삶이 갖는 진실과 한계를 깨우쳐주는 것이 아닌가.

　"시 쓰기란 물질적·경제적 생산성에 중독되어 맹목적으로 굴러가는 세상을 거슬러 몽상해야 하며, 바로 이 꿈의 생산성을 높이고자 하는 활동"임을 선언하고 이를 구현하는 정현종 시인의 영롱한 에스프리는 쳇바퀴 도는 일상에 사로잡힌 채 안일과 타협하려는 이들을 난타하는 죽비였다. 그리고 어설픈 문장 몇 줄로 감히 시인을 꿈꾸던 필자에게 그것이 무모한 일임을 일깨운, '주제 파악'하라는 계고장이었다.

(2002)

《제4의 권력》과 나

옛날 두 탐험가가 공룡과 마주친 적이 있었다. 그중 한 사람이 놀라 달아나려 할 때 그의 동료가 "걱정말게. 저 공룡은 풀을 먹는 초식동물이야"라고 일러주었다. 그러나 그는 계속 도주하면서 "나도 그건 알고 있는데, 공룡이 그걸 알까 모르겠네"라고 답했다.

두 탐험가는 눈썹이 휘날리도록 줄행랑을 놓았겠지……. 공룡은 필경 브라키오사우루스쯤 될 거야. 그래야 초식공룡이거든……. 가만, 인간과 공룡이 같은 시대에 있었던 적은 단 한 번도 없었는데, 이거 공갈 아니야? (그때는 마이클 크라이튼의 〈쥬라기 공원〉도 나오기 전이다) 달을 가리키면 마땅히 달을 봐야 하겠지만 누구나 다 그렇게 하면 범인과 선지자가 구분되지 않는다.

들머리의 대목은 J. L. 세르방 슈레베르의 《제4의 권력》 3부 '정보과잉 시대' 중에 나온다. 이 책을 읽을 당시는 1978년. 모든 것을 다 아는 것 같았지만 사실 쥐뿔도 모르는 대학 1학년 시절이었다. 저자의 깊은 뜻은 짐짓 모르는 체, 도입부의 얘기가 재미있어 그 뒤로 미팅자리에까지 가서 이 에피소드를 즐겨 써먹은 기억이 있다.

J. L. 세르방 슈레베르가 가리킨 '달'은 언론기업의 실상과 허상이다. 언론기업의 내막은 무엇인가? 언론기업은 왜 자신의 내막을 공개하려 하지 않는가? 언론기업은 화폐제조업인가? 《새터데이 이브닝 포스트》《루크》《라이프》와 같은 세계의 언론왕국은 왜 몰락했는가? 광고는 필요악인가? 누가 언론인을 좋아하는가? 언론은 구제받을 수 없는가? 자못 진지하고 심각하다. 들머리의 공룡 얘기도 '정보의 공유가 모든 커뮤니케이션의 기초가 된다'는 것을 설명하기 위한 저자의 비유일 뿐이다.

갓 대학을 입학한 내가 비록 장차 꿈을 언론 또는 그 언저리로 삼고 있었다 해도 그 당시 이런 질문들이 실감 날 리는 만무다. 아마도 외국인의 저술이긴 하지만 언론현상의 이면을 들여다볼 수 있음에 흥미를 느꼈음 직하다. 그리고 언론이 자타칭 권력을 칭하고 있음에 호기심이 있었을 것이다. 《제4의 권력》은 한 선배가 대학신입생인 내게 사준 책 중의 하나였다. 언론과 커뮤니케이션에 관한 책이야 고전적인 불후의 명저가 허다하건만 그 후 27년이 넘도록 그 숱한 이사와 짐 줄이기에도 이 책은 아직 내게 남아 있다.

《제4의 권력》은 1976년에 프랑스에서 출판되고 2년 후인 1978년에 한국에서 번역된 것인데, 무엇보다 세계 굴지의 언론왕국

렉스프레스 그룹의 젊은 경영자이자 저명한 저널리스트로서 언론의 역기능과 부작용을 진지하게 자성하는 저자의 문제의식에 깊은 인상을 받았다. 언론의 내막과 매커니즘을 빤히 들여다보며 미디어의 정보산업적 측면이 가진 허상을 통찰한 것이다. 그런 중에서 "모든 매체는 광고가 매체를 필요로 하는 것 이상으로 광고를 필요로 한다"는 말이나 "광고보다 더 냉혹한 예술의 후원자는 없다" 등의 말은 지금 들어도 현실감이 있다.

한편 1970년대의 인식에서 벗어나지 못한 대목도 보이는데 가령 "비디오카세트와 유선방송에 의해 텔레비전의 풍요가 예상되지만 사람들은 기술발달 과정과 대중화 간의 차이를 간과하는 경향이 있다"는 대목이 그것이다. 다분히 뉴미디어의 출현을 경계하는 분위기가 역력하다. 저자가 온갖 뉴미디어가 범람하고, 텔레비전조차 사양화를 걱정하며 생존의 위기를 논하는 작금의 한국적 상황을 보면 무엇이라고 말할지 궁금해진다. 나아가 언론이 선출되지도 책임지지도 않은 채 권력적 지위를 참칭하고 있는 한국의 현실을 보고서는 뭐라고 할지도 사뭇 궁금하다. 요컨대 슈레베르의 문제의식은 신선하지만 그 시선은 30년 전 프랑스에 머무르고 있다. 아마도 그래서 책은 한국에서 일찍 절판이 된 모양이다. 그러나 그가 쓴 책은 롱펠로우가 허공에 대고 쏜 화살처럼 시공을 넘어 여기 한 사람의 뇌리에 박혀 있다.

(2005)

1984년 만 25세 되던 해, ROTC 복무를 마치고 MBC에 입사했다. 대학시절 스페인어 전공보다는 저널리즘과 커뮤니케이션 현상에 관심이 많았다. 자연히 그 연장선에서 언론사 입사를 염두에 두고 준비 중이었는데, 어느 날 문득 TV에서 MBC의 신입사원 공고를 보게 되었고 TV PD를 지원했다. 이는 개인적으로 활자에서 영상으로, 기자에서 PD로 무대와 본령이 바뀌는 것을 의미하였다.

3년 정도의 조연출 후, 1987년 한 사람의 TV PD로서 프로그램을 연출하기 시작했다. 첫 연출 프로그램은 〈취미여행〉〈명작의 무대〉였다. 그러는 동안 우리 사회에는 6월 항쟁이 있었고 방송 민주화 운동이 있었다. 1988년 말 방송문화진흥회가 MBC의 대주주가 되어 MBC는 명실상부한 공영방송이 되었다. 이후 〈세상 사는 이야기〉와 〈인간시대〉와 같은 사람을 다루는 프로그램을

5년 정도 연출했고, 그 뒤에는 이른바 PD저널리즘의 전위인 〈PD수첩〉에서 또 5년 남짓 제작, 연출했다. 인간에서 시사時事로 영역이 확장되었다고나 할까.

1998년 9월부터 1년 동안은 뜻한 바 있어 제12대 한국PD연합회장으로 재임하면서 언론계 상황을 현장에서 목격할 수 있었다. 복귀 후 당시 이미 방송을 시작한 〈이제는 말할 수 있다〉 시리즈에 합류했는데 그래서인지 첫 프로그램은 '언론통폐합과 언론인 강제해직' 편이었다. 이후 2004년까지 〈이제는 말할 수 있다〉의 기획과 연출을 왕복했다. 도중에 1년간 베이징 인민대에서 연수를 했다. 이 연수는 장차 중국 관련 전문성을 높이기 위함이었고, 귀국 후 몇 편의 중국 관련 프로그램을 만들 수 있었다.

2005년 2월에는 멕시코 이민 100주년을 맞아 3부작 특집 〈에네켄〉을 연출했다. 당시 멕시코, 쿠바 현지취재에서 까맣게 잊고 잊던 전공 스페인어로 인해 뒤늦게 공연한 애를 먹었다. 2005년은 입사 만 20년이 되던 해다. 목하 시사교양 PD로서 본격적이고 치열한 활동을 소망하던 이때, 돌연 홍보심의국장으로 발령이 났다. 이후 특보 겸 창사50주년 기획단 사무국장, 대외협력팀장 등을 거쳐 지금은 정책협력부장으로 재직 중이다. 현장을 떠나 있는 동안에는 급속히 변하는 방송계의 상황을 거시적 차원에서 보게 되었고, 지상파 방송의 공정성과 경쟁력 확보를 위한 정책과 제도의 문제를 고민하게 되었다.

이 책은 본인이 만 25세 때 MBC에 입사해, 방송인으로 만 25년이 되는 2009년에 발간하는 첫 번째 단독명의의 저서다. 이 책에는 〈인간시대〉〈PD수첩〉〈이제는 말할 수 있다〉〈에네껜〉으로 이어지는 20여년 프로그램들의 궤적과 낙수가 담겨 있다. 기록과 증언의 중요성을 인식하고 체험하는 반영이다. 그리고 PD연합회, 언론개혁시민연대, 한국방송학회 등 언론유관단체 활동의 잔상과 체취가 남아 있다. 특히 지상파 방송에 대한 성찰과 문제제기에는 나름대로 진지성을 담고자 노력하였다. 최근의 미디어법안에 대한 논의까지 시도하였으나 여러 가지로 미흡하고 부족하다.

　이 책을 준비하면서 출판 일정이 여러 번 늦추어졌다. 대부분 그동안 방송계 내외의 매체에 발표했던 원고와 홈페이지나 블로그에 실린 글을 재수록한 것이다. 그런데 작금 미디어계의 상황이 불투명하고 혼미해지면서 자기검열 기제가 대폭 강화되었다. 현 시점에 개인적으로 자신을 반추하고 정리하는 일이 방송계와 우리 사회의 요청에 부합하는지 주저되었던 것이다. 그러나 바야흐로 반백半百의 분기점을 지나는 지금, 앞으로의 더 성숙함을 도모하는 점검은 나름대로 의미가 있을 것이라고 감히 소망해본다. 독자 제현의 많은 가르침과 성원을 바랄 따름이다.

정길화

정길화 연보

① 인적 사항

1959	경남 마산 출생
	마산고, 외대 서반아어과 졸
2002	외대 정책과학대학원 석사
2003	중국 베이징 사회과학원 연구과정
2005	연세대 언론홍보대학원 최고위과정
2006	서울대 글로벌리더쉽과정(GLA)
2007	외대 경영대학원 최고위과정

② 방송 관련 경력

1984	MBC 입사
	〈지리산의 사계〉〈명곡의 고향〉 등 조연출 (~1987)
1987	〈취미여행〉〈명작의 무대〉 연출

1988	계기 특집 연출
1989	생방송 〈아침을 달린다〉〈여러분의 토요일〉 등 연출
1990	토크쇼 〈세상사는 이야기〉 연출
1991	〈인간시대〉 연출 (~1993)
1994	〈신인간시대〉 연출 (~1995)
1995	〈피디수첩〉 연출 (~1998)
	8.15 특집 〈격동 - 반세기의 통치자들〉 제2공화국 편 연출
1999	〈이제는 말할 수 있다〉 연출
2000	교양제작국 특임 CP
2000	〈피디수첩〉 연출 (~2001)
2001	〈이제는 말할 수 있다〉 기획 및 연출
2002	〈와! e 멋진세상〉 연출
2004	〈이제는 말할 수 있다〉 기획 및 연출
2005	멕시코 이민 100주년 〈에네껜〉 연출
2005	홍보심의국장
2006	특보 겸 창사 45주년기획단 사무국장 /창사 50주년기획단 사무국장
2007	기획조정실 대외협력팀장
2008	기획조정실 정책협력부장(현)

❸ 활동 관련

1998	제12대 한국방송프로듀서연합회장
1998	언론개혁시민연대 공동대표
1999	21세기 언론연구소 이사
1999	한국방송대상 심사위원
1999	서울 청소년영상제 심사위원

2000   서울 국제다큐멘터리영상제 심사위원

2000/05   경주세계문화엑스포 자문위원

2005   한국방송학회 대외협력이사

2007   국가인권위 시민사회교육 전문위원

2007   제7회 동아시아PD포럼 다큐멘터리 심사위원장

2008   서울시 선거방송토론위원회 위원

2008   통일언론상 심사위원

2008   법무부 교화방송 자문위원

1999   MBC아카데미 연출반 지도교수

2001   이대 언론영상학부(이야기구성 실습)

2002   외대 신문방송학과(방송제작론)

2006~09   사이버외대(방송기획제작)

2007   외대 신문방송학과(텔레비전제작실무론)

2007   이대 언론홍보영상학부(다큐멘터리제작)

2008   경기대 다중매체학과(여론과 사회화)

④ 수상 경력

1) 개인/단위 프로그램 수상

1996~2000   방송위 이달의 좋은 프로그램 4회 수상(연출 3, 기획 1)

1996   방송위 제작비 지원 대상 수상

1996   언론 3단체 통일언론상

1996   YWCA 좋은 프로그램상 환경부문 대상

1997   MBC 프로그램 평가상

1998   기자협회 이달의 기자상, 한국기자상 특별상

2000	한국청년대상 방송부문 기획상
2001	MBC 이달의 프로그램상
2001	PD연합회 이달의 PD상
2001	민언련 이달의 좋은 프로그램상
2002	신문방송인클럽 한국언론대상
2003	한국언론재단 언론인 홈페이지대상 은상
2004	방송위 이달의 좋은 프로그램상
2005	방송위 이달의 좋은 프로그램상
2005	제1회 임종국상 언론 부문
2006	외대언론인상
2007	MBC 특별격려상

2) 공동 수상

1996	한국방송피디상 올해의 프로듀서상
1997	앰네스티 언론상
1998	삼성언론상
2000	삼성언론상
2000	언노련 민주언론상 대상
2000	경실련 올해의 좋은 프로그램상 본상
2000	MBC 프로그램 공익상
2001	여성단체연합 평등,인권방송 디딤돌상 본상
2001	방송대상 작품상
2002	MBC 특별격려상
2004	안종필자유언론상 특별상

⑤ 저서(공저)

《어제 그 프로 봤어?》, 도서출판 친구,1991
《거꾸로 선 세상에도 카메라는 돌아간다》, 도서출판 개마고원, 1997
《PD수첩과 프로듀서저널리즘》, 도서출판 나남, 2000
《이제는 말할 수 있다》, 커뮤니케이션북스, 2002
《PD가 말하는 PD》, 도서출판 부키, 2003
《3인3색 중국기》, 아이필드, 2004
《머뭇거리지 말고 시작해》, 샘터, 2005
《우리들의 현대침묵사》, 해냄출판사, 2006

⑥ 프로그램 DVD 타이틀

〈이제는 말할 수 있다〉 – '친일파' 3부작, 2005
〈에네껜〉, 2005